KB267215

위기의 팀을 다시 움직이게 하는 실전 전략

영업팀의 비밀

권태호 (비즈인싸) 지음

영업팀의 비밀

초판 1쇄 발행 2026년 3월 23일

저　　자 권태호
발 행 인 권선복
편　　집 한영미
디 자 인 서보미
마 케 팅 권보송
전 자 책 서보미
발 행 처 도서출판 행복에너지
출판등록 제315-2011-000035호
주　　소 (157-010) 서울특별시 강서구 화곡로 232
전　　화 0505-613-6133, 010-3267-6277
팩　　스 0303-0799-1560
홈페이지 www.happybook.or.kr
이 메 일 ksbdata@daum.net
값 22,000원
ISBN 979-11-24134-18-4 (13320)

영업팀의 비밀

권태호(비즈인싸) 지음

팀 성과가 안 나올 때
팀원을 바꾸기 전에 구조를 바꿔라

성과 압박 속에서도 성장하는 팀의 원칙

왜 어떤 팀은 '움직이고', 어떤 팀은 '멈추는가'

나는 20년 동안 영업 현장에서 일해왔다. 교육, 분양, 제약, 유통, IT까지 다양한 산업을 거치며 수많은 리더와 팀을 만났다. 이 책을 쓰는 동안, 그 얼굴들을 하나씩 떠올리며 스스로에게 질문했다.

"지금 이 시점에, 나는 왜 이 이야기를 해야 하는가."

답은 분명했다. 리더의 선택이 팀을 움직이기도, 멈추게도 만든다는 사실을 제대로 전하고 싶었다. 이 책에 담긴 이야기가 유일한 정답은 아니다. 다만 나는 쉽지 않은 시장 환경 속에서도, 그리고 성과 압박이 거센 상황에서도 팀이 다시 움직이게 되는 순간을 수없이 목격해 왔다. 이 책에는 그 경험을 통해 확인한 영업팀 운영의 본질을 담았다.

매출은 서서히 떨어지고 있었다. 목표는 그대로였고, 회의와 보고도 빠짐없이 진행됐다. 숫자만 보면 아직 괜찮아 보였을지 모른다. 하지만 현장은 이미 신호를 보내고 있었다. 회의는 점점 조용해졌고, 보고서는 형식적인 문서로 변해갔다. 새로운 시도가 나오면 "예전에 해봤는데 안 됐어요"라는 말이 먼저 튀어나왔다.

성과가 무너진 것이 아니라, 팀의 에너지가 먼저 꺼지고 있었다. 나는 이 장면을 여러 조직에서 반복해서 보아왔다. 그리고 분명히 알게 되었다. 성과가 오르지 않는 팀의 문제는 개인이 아니라, 팀을 움직이던 구조가 이미 멈춰 있다는 것이다.

이때 많은 리더는 목표와 숫자를 더 강하게 밀어붙인다. 물론 목표는 중요하다. 그러나 나는 확신한다. 목표만으로 팀은 움직이지 않는다. 팀을 움직이는 것은 구조와 에너지다. 회의에서 침묵이 늘어나고, 성공 사례가 공유되지 않으며, 각자도생의 영업이 시작되는 순간, 팀은 서서히 멈춘다.

다행히 한 가지 분명한 사실도 있다. 팀은 다시 움직일 수 있다. 외부 환경이 바뀌어서가 아니라, 팀 안에 이미 존재하는 힘을 다시 연결하는 순간 변화는 시작된다. 작은 실행 하나, 의미 있는 공유 하나가 팀의 흐름을 바꾼다. 방향과 행동이 살아나면 성과는 자연스럽게 따라온다.

이 책은 이론서가 아니다. 현장에서 실제로 멈췄던 팀이 어떻게 다시 움직였는지, 리더가 무엇을 바꿨을 때 흐름이 달라졌는지, 개인이 아니라 팀 전체의 성과를 살리는 구조는 어떻게 만들어졌는지를 기록한 실전의 이야기다.

방법과 전략은 이미 넘쳐난다. 그러나 성과 압박 앞에서 팀이 멈춰버리는 순간, 그 어떤 방법도 제대로 작동하지 않는다. 팀이 다시 움직이게 만드는 데 필요한 것은 기술 이전에, 리더의 관점과 태도, 그리고 구조에 대한 선택이다.

이 책을 덮을 즈음, 당신은 이렇게 말하게 될 것이다.
"아, 우리 팀이 멈춘 이유가 이것이었구나."
그리고 동시에, "내일부터 바로 바꿀 수 있는 것이 분명히 보인다."

이제, 멈춰 있던 팀이 다시 움직이기 시작하는 과정을 함께 살펴보자.

2026년 초봄

권태호

조민기 전무 | 로지텍 코리아

나는 오랫동안 영업 조직을 지켜보며 한 가지 질문을 반복해 왔다.

"왜 어떤 팀은 사람이 바뀌어도 성과가 유지되고, 어떤 팀은 늘 개인에게 의존하는가."

『영업팀의 비밀』은 이 질문에 대해 매우 현실적인 답을 제시하는 책이다. 이 책이 말하는 영업은 개인의 역량을 끌어올리는 기술이 아니다. 성과가 만들어지는 과정을 팀 안에 어떻게 남길 것인가, 그리고 그 흐름이 다음 실행으로 어떻게 이어지게 할 것인가에 초점을 맞춘다.

영업 현장에서 성과는 늘 발생하지만, 그것이 사라지지 않고 조직의 자산으로 남는 경우는 많지 않다. 이 책은 바로 그 지점, 성과가 '한 번의 결과'로 끝나지 않게 만드는 구조를 집요하게 다룬다.

작가는 현장에서 오랫동안 팀과 함께 움직여 온 사람이다. 그래서 이 책에는 추상적인 리더십 담론이나 이상적인 조직론이 거의 없다. 대신, 리더가 무엇을 묻고 무엇을 남겨야 하는지, 팀의 실행을 어떤 기준으로 바라봐야 하는지가 구체적으로 정리되어 있다. 읽다 보면 '맞는 말'이 아니라 '해봤던 장면'이라는 느낌이 든다.

특히 이 책이 의미 있는 이유는, 성과를 압박하는 방식이 아니라 성과가 자연스럽게 반복되도록 만드는 방식을 이야기한다는 점이다. 단기 숫자를 끌어올리는 방법은 많다. 그러나 팀이 지치지 않고 움직이게 만드는 구조는 아무나 설계할 수 없다. 이 책은 바로 그 어려운 영역을 현장의 언어로 풀어낸다.

영업 조직을 이끄는 리더라면, 혹은 이제 팀을 맡기 시작한 관리자라면 이 책을 통해 자기 팀을 다시 바라보게 될 것이다. 누가 잘하고 있는지가 아니라, 무엇이 남고 있는지를 묻는 시선 말이다. 『영업팀의 비밀』은 성과보다 구조를 고민하는 리더에게 특히 의미 있는 책이다.

김영록 이사 | 3H

영업조직을 총괄하는 위치에 서게 되면, 개인의 노력만으로는 설명되지 않는 순간들을 자주 마주하게 된다. 모두가 바쁘게 움직이고, 각자의 자리에서 최선을 다하고 있음에도 불구하고 성과는 기대만큼 따라오지 않는 상황이다. 그럴 때 조직 안에서는 자연스럽게 질문이 생긴다. "도대체 어디서부터 잘못된 걸까?" 나 역시 조직을 운영하며 성과가 멈췄던 순간마다, 개인의 태도나 능력보다 먼저 '조직이 어떻게 실행되고 있는가'를 돌아보게 된다.

이 책은 바로 그 질문에 대해, 개인의 역량이 아니라 조직이 실행되는 구조 자체를 점검해야 한다는 메시지로 시작한다.

이 책이 인상 깊었던 이유는 영업을 단기 성과 중심의 기술이나 노하우로 접근하지 않기 때문이다. 저자는 '어떻게 하면 더 잘 팔 수 있을까'보다 '어떻게 하면 팀이 계속 움직이게 할 수 있을까'를 먼저 묻는다. 이는 영업총괄의 시선에서 볼 때 매우 본질적인 접근이다. 조직은 몇 번의 성공적인 캠페인으로 성장하지 않는다. 실행이 반복되고, 그 실행이 팀의 기준으로 정착될 때 비로소 성과는 안정적으로 만들어진다. 이 책은 그 과정을 매우 현실적으로 풀어낸다.

책 속에 담긴 사례와 메시지들은 현장을 직접 겪어보지 않은 사람이라면 쓰기 어려운 내용들이다. 작은 실행을 어떻게 정의해야 하는지, 그 실행을 어떻게 공유해야 팀 전체의 자산이 되는지, 개인의 성과를 어떻게 조직의 기준으로 끌어올릴 것인지에 대한 설명은 실제 조직을 운영하며 고민해 본 사람의 언어다. 그래서 이 책은 읽는 내내 '이건 이상적인 이야기'가 아니라 '지금 우리 조직에 바로 적용해 볼 수 있는 구조'라는 확신을 준다.

특히 공감이 갔던 부분은 성과를 숫자 이전의 문제로 다루는 관점이다. 많은 조직이 숫자를 관리하지만, 숫자를 만들어내는 실행의 밀도와 방향은 제대로 관리하지 못한다. 이 책은 성과를 관리한다는 것이 곧 실행의 기준을 만들고, 팀의 대화 방식을 설계하는 일임을 분명히 보여준다. 내가 현장에서 볼 때도 이는 단기 실적보다 훨씬 중요한 관점이다. 구조가 바뀌지 않으면 성과는 반복되지 않는다.

이 책은 영업조직을 강하게 몰아붙이는 방법을 알려주지 않는다. 대신 조직이 지치지 않으면서도 꾸준히 전진할 수 있는 방법을 제시한다. 성과 압박이라는 현실을 외면하지 않으면서도, 그 압박이 조직을 소모시키지 않도록 설계하는 리더의 사고방식이 책 전반에 녹아 있다. 이는 조직 전체를 책임져야 하는 리더에게 매우 중요한 기준이 된다.

영업조직의 다음 단계를 고민하고 있는 리더라면, 이 책은 하나의 참고서가 아니라 조직을 다시 설계하는 관점의 전환점이 될 수 있다. 지금의 성과에 안주하지 않고, 실행이 멈추지 않는 조직을 만들고자 하는 리더라면 이 책을 통해 분명한 기준을 얻을 수 있을 것이다.
숫자는 결과일 뿐이며, 리더가 관리해야 할 대상은 그 숫자가 만들어지는 실행의 과정이다.

PART 1   위기 진단

왜 우리 팀의 성과는 제자리걸음인가

CONTENTS

PART 4 행동 변화

목표를 성과로 바꾸는 리더의 디테일

PART 5 지지 않는 팀

무너지지 않는 성과를 만드는 1%의 습관

PART 1

왜 우리 팀의 성과는 제자리걸음인가

01

숫자가 무너지기 전,
'태도'가 먼저 무너진다

성과는 왜 하락하는가, 지금 무엇이 문제인지를 따지기 전에 이 책에서 말하는 영업팀의 비밀을 먼저 짚고자 한다. 많은 리더가 성과가 떨어지면 전략부터 바꾸고, 제도부터 손본다. 하지만 현장에서 반복해서 확인한 사실은 분명하다. 성과의 하락은 대부분 방법의 문제가 아니라 팀의 상태에서 시작된다.

이 책에서 말하는 영업팀이란, 단순히 많이 파는 사람들의 집합이 아니다. 영업팀은 카멜레온 같은 조직이다. 시장 상황에 따라, 고객의 반응에 따라, 회사와 조직의 요구에 따라 역할을 수시로 바꿔 가며 살아남아야 하는 조직이다. 때로는 공격수처럼 전면에 나서야 하고, 때로는 방어수처럼 관계를 지켜야 하며, 어떤 순간에는 조직 내부의 완충재 역할까지 감당해야 한다.

그 과정에서 영업팀원들은 자신의 위치와 상황, 그리고 맡겨진 책임과 임무를 끊임없이 재해석하며 최선을 다해 결과를 만들어 내야 한다. 그래서 영업팀은 '지시를 잘 따르는 조직'이 아니라 상황을 읽고 반응하는 조직이어야 한다. 여기서 중요한 질문이 하나 생긴다.

"당신은 어떤 영업팀을 만들고 싶은가"

그리고 더 중요한 질문은 이것이다.

"나는 어떤 영업 팀장이 되고 싶은가"

다음 표를 통해, 지금의 나는 어떤 유형의 영업팀을 이끌고 있는지, 그리고 앞으로 어떤 영업 팀장이 되고 싶은지를 먼저 점검해 보자.

　　　　　PART 1 위기 진단 _ 왜 우리 팀의 성과는 제자리걸음인가

▌영업 팀장의 10가지 대표 유형

❶ 숫자 집착형

목표·실적·랭킹 중심, 과정에는 관심 적음

❷ 방치형

자율을 명분으로 개입 최소화

❸ 마이크로 매니저형

모든 보고·결정 직접 통제

❹ 카리스마 독주형

본인 실적·경험 중심 리딩

❺ 관계 중심형

팀 분위기·조화 우선

❻ 문제 해결사형

팀원의 문제를 대신 해결

❼ 코칭형

질문과 피드백 중심

❽ 시스템 설계형

프로세스·기준·룰 정립

❾ 현장 밀착형

고객·시장 변화에 민감

❿ 균형형

성과·사람·시스템 균형

기업은 보통 실적이 떨어지면 외부 환경부터 탓한다.

"경기가 어렵다", "시장 상황이 나쁘다", "고객 예산이 줄었다". 물론 외부 요인은 영업성과에 영향을 주는 중요한 변수다. 하지만 20년간 현장에서 팀을 관찰하면, 성과 하락의 신호는 시장이 아니라 팀 안에서 먼저 나타난다. 눈에 보이지 않는 미묘한 변화, 작지만 반복되는 패턴, 말하지 않아도 느껴지는 분위기의 흔들림이 먼저 감지된다.

그리고 이 신호를 일찍 발견하고 조치하는 팀은 빠르게 회복하지만, 그 신호를 무시한 팀은 몇 달 뒤 눈에 띄는 성과 하락을 경험한다. 성과 하락의 전조는 대개 아주 작은 변화로 시작된다. 우선, 팀원들이 고객 이야기를 하지 않고 '회사 내부 이야기'만 하기 시작한다. 부정, 불평, 불만의 감정을 가득 담아서 말이다.

고객과 시장 이야기는 활발한 팀의 특징이다. 그런데 팀이 멈추기 시작하면 구성원들의 대화는 어느 순간 '보고 방식', '정책 변경', '업무 스트레스', '사내 절차' 등 같은 내부 이슈로 채워진다. 팀의 관심이 고객에서 멀어지는 순간, 성과 추세는 자연스럽게 정체되거나 하락으로 전환된다.

두 번째 전조는 실행 속도의 저하다.

잘되는 팀은 실행이 빠르다. 안 되는 팀은 '보고는 많은데 실행은 적다'. 리더가 제시한 액션플랜이 실행되기까지 하루면 충분한 팀이 있는가 하면, 비슷한 규모의 팀인데도 1~2주가 걸리는 팀도 있다.

구체적 사안에 따라 다를 수는 있다. 하지만 실행 속도의 차이는 결국 팀 에너지의 차이다.

떨어지는 팀은 "일단 상황을 지켜보자", "고객이 결정하면 움직이자", "다음 주에 다시 논의하자"와 같은 말투가 많아진다. 이런 말투는 겉으로 보기엔 자연스럽지만, 실제론 팀 전체가 멈추고 있음을 알려주는 신호다.

세 번째 신호는 보고의 질 저하이다.

보고 자체는 계속 올라오지만 내용이 점점 얕아지고, 실행보다 보고를 위한 보고가 늘어난다.

고객 만남이 실제로 있었는지, 미팅의 질이 어땠는지, 고객의 변화가 어떤 의미가 있는지 등 중요한 정보가 빠지고 형식적인 문장만 남는다. 팀원이 고객을 제대로 만나지 않거나, 고객 대화를 깊게 하지 않으면 보고의 질이 떨어지는 것은 당연한 절차다. 보고가 얕아지면 고객 연결이 약해지고, 고객 연결이 약해지면 성과는 점점 흔들린다.

네 번째 신호는 팀원 개개인의 '고립'이다.

잘되는 팀은 구성원끼리 소통이 활발하다. 자주 묻고, 공유하고, 서로의 정보를 연결한다. 하지만 성과가 떨어지는 팀은 각자가 제일 먼저 고립된다. 서로의 일정을 모르고, 고객에 대한 내부 정보 공유가 적다. 팀원 간 연결되는 부분은 당연히 사라진다.

'내가 하고 있는 일, 지역, 고객만 잘 챙기면 된다'라는 분위기가 퍼지는 것은 팀 에너지가 떨어지는 대표적인 징후다. 영업은 혼자 하는 직무라고 착각하지만, 절대 아니다. 성과는 개인이 아니라 팀의 균형과 협업에서 나온다. 팀이 뭉치지 못하면 팀 성과는 회복되기 어렵다. 결국 회사에까지 피해를 주게 된다.

다섯 번째 전조는 리더의 표정과 말투다.

리더는 팀의 분위기를 가장 정확하게 반영한다. 팀 에너지가 낮아지면 리더의 말투는 무거워지고, 지시형 언어가 늘어난다. 세밀한 관리에 집착하게 되며 모두가 피곤해진다. 본래 리더는 방향을 제시하고 비전을 만들어야 하지만, 팀이 멈출 때 리더는 자연스럽게 '문제 해결자' 역할로 이동한다.

리더가 회의 시간에 질문보다 지적을 더 많이 하거나, 팀원을 믿기보다 확인하려고 한다면 이미 팀은 멈추기 시작한 상태다.

마지막으로 중요한 신호는 팀원들의 감정 변화다.

영업 조직은 숫자로 말하지만, 실제로는 감정으로 움직인다. 팀원이 고객을 만나기 싫어하고 보고를 미루고, 제안에 자신이 없어지는 순간부터 성과 하락은 본격적으로 가속된다.

감정은 말로 숨기더라도 행동에서 드러난다. 고객 방문 횟수, 접점 수, 제안서 제출 속도 등 숫자 뒤에는 반드시 감정의 연결선이 있다. 감정이 식으면 손은 느려지고, 발은 무거워진다. 고객의

     PART 1 위기 진단 _ 왜 우리 팀의 성과는 제자리걸음인가

마음에서 멀어지는 건 불을 보듯 뻔하다. 영업 조직에서 성과는 결코 하루아침에 만들어지지 않는다.

서울 소재 B 기업의 영업팀은 한때 분기별 매출 목표를 120% 이상 초과 달성하는 성과를 내던 팀이었다.

팀원 간 분위기는 활기찼고, 회의 시간에도 고객 이야기로 가득했다. 하지만 어느 날부터 팀 분위기가 조금씩 달라지기 시작했다. 처음에는 사소한 변화였다. 팀원 A는 고객 미팅보다 내부 문서 작업 이야기를 늘 했고, 팀원 B는 보고용 자료 준비에 시간을 쓰느라 실제 고객 방문이 줄었다. 겉으로는 업무를 충실히 하는 것처럼 보였지만, 고객과의 만남은 점점 줄어들고 있었다.

이 팀의 리더는 처음엔 큰 문제로 여기지 않았다. 그러나 보고서를 하나씩 들여다보면서 이상 신호를 감지했다. 예전에는 고객 대화 내용을 구체적으로 적어 제출하던 팀원들이 이제는 단순 수치와 형식적인 멘트만 기록했다. 한 번 미팅을 다녀오면 고객 반응과 다음 액션플랜까지 구체적으로 공유하던 것이 점점 생략되었다.

팀원 개개인의 고립도 나타났다. 예전에는 서로 고객 정보를 공유하며 '이 고객은 최근 어떤 반응을 보였는지'를 함께 고민했지만, 이제는 각자 자기 고객만 챙기고 공유가 줄었다. "내 일, 지역, 고객만 책임지면 된다"라는 말이 회의 중에 나오기 시작했고, 팀 전체의 에너지가 눈에 띄게 떨어졌다.

리더의 변화도 분명했다. 회의 시간마다 지적과 확인이 늘고, 분위기는 무거워졌다. 예전에는 활발하게 질문하며 팀을 이끌던 리더가 이제는 문제 해결자처럼 행동했다.

팀원들은 점점 수동적으로 변했고, 고객에게 제안서를 보내는 속도도 늦어졌다. 결국 다음 분기 성과는 이전 대비 30% 이상 떨어졌다.

하지만 다행히 B 기업의 리더는 신호를 놓치지 않았다. 내부 대화가 고객 중심에서 멀어진 순간, 실행 속도가 느려진 순간, 보고의 질이 낮아진 순간을 포착했다.

그리고 즉시 팀원들과 1:1 미팅을 갖고, 고객 중심 회의, 공유 루틴, 작은 실행 목표를 설정하여 팀을 다시 움직였다. 그 결과, 석 달 만에 매출은 회복세로 돌아섰다.

이 사례는 단순히 '시장이 나빠서 성과가 떨어졌다'라는 외부 요인이 아니라, 팀 안의 작은 변화가 먼저 나타난다는 사실을 잘 보여준다. 성과는 결과일 뿐, 그 뒤에는 팀 안의 미묘한 신호들이 존재한다. 팀원 간의 대화, 실행 속도, 보고, 협업, 리더의 태도와 감정 등을 통해서 말이다.

성과 하락은 '늦게 보이는 결과'이고, 팀 분위기 변화가 '먼저 보이는 원인'이다. 그래서 성과가 좋을 때일수록 리더는 팀 안의 작은 전조들을 더 예민하게 관찰해야 한다. 자잘한 변화라고 생각해 지나치면, 몇 달 뒤에는 더 큰 비용과 시간이 든다. 반대로 이 신호를 빨리 파악해 초기에 개입하면 팀은 훨씬 쉽게 다시 움직일 수 있다.

팀이 멈추는 신호는 시장에 있지 않다. 항상 팀 안에서 먼저 나타난다. 그 신호를 가장 먼저 읽고 대응하는 리더가 결국 팀을 다시 움직이게 하고, 움직이는 팀은 반드시 성과가 다시 오른다.

 **오늘 바로 시작하는 팀장 액션 가이드**

팀이 멈추는 신호는 외부 환경이 아닌 팀 안에서 먼저 나타난다. 리더가 작은 변화와 신호를 포착하고 초기에 대응할 때, 팀은 빠르게 회복하며 성과는 반드시 다시 오른다.

02

영혼 없는 회의와 복붙형 보고
: 팀이 멈췄다는 증거

처음 팀장이 되었을 때, 가장 힘들었던 순간은 실적이 아니라 회의였다. 회의실에 앉아 있으면 모두가 노트북은 열어두었지만, 눈은 바닥을 향했고, 내가 질문을 던지면 늘 같은 몇 사람만 짧게 답했다. "다른 의견 없어요?"라는 말이 회의실에 떨어지면, 그 질문은 늘 공중에서 사라졌다. 침묵이 길어질수록 나는 더 열

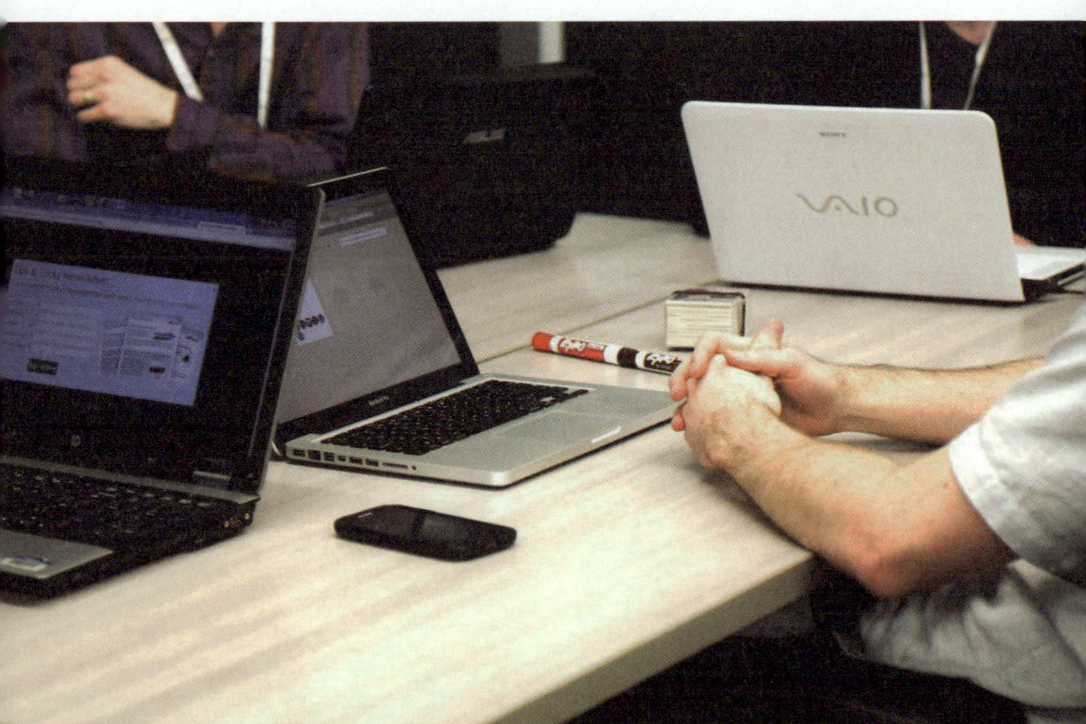

심히 설명했고, 더 많은 자료를 준비했고, 더 촘촘하게 보고를 요구했다. 그때는 그게 리더의 역할이라고 믿었다.

하지만 어느 날 문득 깨달았다. 팀이 조용한 이유는 준비가 부족해서도, 의지가 없어서도 아니었다. 이미 여러 번 말해봤기 때문이다. 말해도 바뀌지 않았고, 제안해도 반영되지 않았으며, 용기 내어 꺼낸 이야기가 "그건 현실적으로 어렵다"라는 말로 정리되는 경험을 반복해 왔다. 팀원들은 배우고 있었다. 이 회의에서는 생각을 꺼내는 것보다, 무사히 지나가는 것이 더 안전하다는 것을.

그 순간부터 회의는 더 이상 '함께 생각하는 자리'가 아니었다. 이미 정해진 방향을 확인하는 시간, 질문이 아니라 보고만 남는 의식이 되었다. 침묵은 게으름이 아니라 학습된 관성이었다. 그리고 그 관성을 만든 사람은 다름 아닌 리더, 바로 나였다. 지금 이 문장을 읽고 있는 관리자라면 어떻게 이런 상황을 관리할 것인가.

조직이 멈출 때 가장 먼저 드러나는 장면 중 하나는 '침묵하는 회의'다. 잘되는 팀의 회의는 언제나 활기차다. 밝고, 좋은 분위기와 에너지가 흐른다. 서로의 고객 사례를 놓고 실제적인 질문이 오가고, 팀원들이 적극적으로 의견을 낸다. 그야말로 재밌게 일한다. 일터가 놀이터가 되는 순간이다.

그런데 성과가 떨어지는 팀에서는 회의 시간만 되면 공기가 무거워지고, 누구도 먼저 입을 열지 않는다. 팀원들은 리더의 눈치를 보고, 리더는 팀원들이 적극적으로 나서지 않는 모습에 답답함을 느낀다. 회의가 침묵으로 흐르는 이유는 단순하지 않다. 팀원들이 게을러서도 아니고, 말할 것이 없어서도 아니다.

사실은 그보다 더 근본적인 이유가 있다. '말해도 바뀌지 않는다'라는 무기력감, 그리고 '말했다가 망신당하면 어떡하지?', '말했다가 일이 더 늘어날 것 같은데' 등의 부담감이 그들의 입을 막는다. 이 감정이 쌓이면 팀은 회의를 '참여의 장'이 아니라 '보고의 의식'으로 받아들이게 된다.

모든 회의는 팀의 생생한 온도를 보여주는 체온계다. '침묵하는 회의'는 팀이 이미 먼저 멈춰 있음을 보여주는 대표적 신호다. 그다음 징후는 '관성적 보고'다.

보고는 영업 조직에서 당연히 필요한 절차이지만, 잘되는 팀의 보고와 멈춘 팀의 보고는 내용이 완전히 다르다.

성장하는 팀의 보고는 고객과 시장 이야기로 가득하다.

"어제 고객이 이런 반응을 보였고, 그 의미는 이렇습니다."

"경쟁사 제안서를 이런 방식으로 대응하겠습니다."

와 같은 살아 있는 정보들이 들어 있다.

반면 멈춘 팀의 보고는 형태만 남고 깊이가 사라진다. 보고서를 확인하면 고객의 고민과 상황 분석은 거의 없고, 날짜·시간·활동 내용만 가득하다. 표면적으로는 보고가 '꾸준히 올라오고 있으니' 문제가 없어 보이지만, 실제로는 보고서가 팀의 무력감을

   PART 1 위기 진단 _ 왜 우리 팀의 성과는 제자리걸음인가

감추는 가림막이 된다.

리더는 보고를 받아보며 '팀이 움직이고 있구나'라고 착각하고, 팀원은 보고서만 작성하면 '오늘의 일은 끝났다'라고 오해한다. 관성적 보고의 문제는 단순한 문서 수준의 문제가 아니다. 보고가 얕아지는 순간, 팀원들은 고객과의 관계에서도 얕아진 행동을 보이기 시작한다. 고객의 진짜 문제를 파고들기보다 표면적 대화만 나누고, 보고서는 깊이를 잃고, 고객의 감정 변화를 포착하는 능력이 급격히 떨어진다.

보고가 흔들리면 곧바로 영업의 본질적 실행도 흔들리기 때문에 상당히 위험하다.

그리고 성과 하락의 전조 중 가장 위험한 신호는 '무기력해진 영업인'이다. 영업인은 팀원 자신의 성장 곡선을 가장 정확히 보여주는 지표다.

잘되는 팀원은 고객과의 대화 포인트, 질문 리스트, 배운 점, 다음 액션을 구체적으로 기록하고 표현한다. 이런 팀원은 자연스럽게 성장하며 회사에서도 스포트라이트(spotlight)를 받게 된다.

하지만 성과가 떨어지기 시작하면 영업인은 점점 얼굴이 어두워지고, 단순해지고, 형식적으로 된다. 고객 미팅 횟수가 줄고, 제품, 견적 문의에 대한 대응만이 전부다. 이런 단순한 업무 반복으로 무기력해지고, 능동적인 사고와 적극적인 대응은 완전히 사라진다. 영업인이 무기력해졌다는 것은 팀원 스스로 이미 자신의 성장을 멈췄다는 신호다.

영업인 개인은 팀의 내면 에너지를 정확히 반영한다. 영업인이 살아있으면 팀도 살고, 회사도 산다. 위에서 설명한 세 가지를 정리해 보면 침묵하는 회의, 관성적 보고, 무기력해진 영업인은 서로 별개로 보이지만 실제로는 서로 연결되어 있다.

회의에서 침묵이 시작되면 보고는 깊이가 사라지고, 영업인은 감정 없이 남발되는 에너지 소모자로 변한다. 결국 이 현상은 팀 전체가 성장 대신 '생존 모드'로 들어갔음을 보여준다.

생존 모드의 팀은 절대 성과가 다시 오르지 않는다. 그저 버티는 팀, 현상 유지 팀, 문제를 외부에서만 찾는 팀으로 바뀐다.

하지만, 이 신호들을 리더가 일찍 발견하고 개입하면 팀은 충분히 다시 살아날 수 있다. 침묵을 '대화의 장'으로, 보고를 '전략의 도구'로, 영업인을 '열정과 에너지'로 되돌리는 순간 성과의 흐름은 다시 올라오기 시작한다.

성과는 숫자로 회복되는 게 아니라 조직의 에너지와 대화가 회복되면서 올라오기 시작한다.

충청에 있는 C 기업의 영업팀은 한때 활기가 넘쳤다.

월요일 아침 회의에서는 전남 광주광역시 고객 미팅 사례를 공유하며 질문이 끊이지 않았고, 팀원들은 서로의 전략을 조언하며 자연스럽게 경쟁력을 높였다. 회의실에는 늘 웃음과 아이디어가

  PART 1 위기 진단 _ 왜 우리 팀의 성과는 제자리걸음인가

넘쳤다. 보고서도 단순한 숫자가 아니라, 고객 반응, 제안서 진행 상황, 다음 실행 계획까지 상세하게 기록되어 팀 전체가 고객과 시장 상황을 이해하고 움직이는 기준이 됐다.

그러나 몇 달 사이 팀 분위기가 달라졌다. 회의 시간마다 공기가 무거워졌고, 팀원들은 서로 눈치를 보며 말없이 앉아 있었다.

리더는 답답했지만, 이유를 몰랐다. 팀원들은 말해도 바뀌지 않는다는 무기력감, 말하는 일이 늘어난다는 부담감 때문에 입을 닫았다. 자연스럽게 회의는 '보고 의식'으로 전락했고, 활발한 고객 토론은 사라졌다. 보고서도 형태만 남았다. 과거라면 "고객 X사는 이번 제안에 대해 이런 의견을 주었고, 다음 단계로 이렇게 대응하겠습니다"라는 생생한 기록이 올라왔지만, 이제는 '미팅 진행', '견적 요청 예정'처럼 단순 나열만 있었다.

보고서를 통해 팀이 움직이는 것처럼 보였지만, 실제 행동은 정체된 상태였다. 고객과의 만남은 줄고, 보고서의 깊이는 얕아졌다.

C 기업의 리더는 처음에는 단순히 '팀이 게을러졌다'라고 생각했지만, 현장을 면밀히 관찰하면서 문제의 본질을 깨달았다. 먼저 리더는 회의 방식을 완전히 바꿨다. 단순 보고를 듣는 시간이 아니라, 팀원들이 서로 고객 사례를 공유하고 의견을 제시하도록 유도했다.

예를 들어, 한 팀원이 고객 A사의 반응을 공유하면 다른 팀원이

“그럼 다음 단계는 이렇게 대응하면 어떨까요?”라고 질문하도록 만들었다. 작은 성공 사례부터 공유하며, 말했을 때 변화가 있다는 경험을 팀원들에게 반복적으로 심어주었다.

또한 보고서의 작성 방식을 재정비했다. 단순 활동 기록에서 벗어나, ‘고객 상황, 배운 점, 다음 행동 계획’을 반드시 포함하도록 했고, 작성 후 팀 내 공유 시간을 마련했다.

이 과정에서 리더는 보고서를 확인하며 “이 부분을 더 파고들어 보자”라는 구체적 피드백을 줌으로써, 보고가 단순 의무가 아닌 팀 전략을 움직이는 도구임을 인식시켰다.

마지막으로 리더는 1:1 면담과 코칭을 적극 활용했다. 각 팀원의 상태와 상황 그리고 보고서의 진행 상황을 함께 세밀히 검토하며, 무기력감을 느끼는 팀원에게는 작은 목표를 설정해 빠른 성취 경험을 심어주었다.

예를 들어, 하루에 한 건이라도 고객 심층 질문을 기록하고 공유하도록 독려하고, 성취가 있을 때 즉시 칭찬과 피드백을 해주었다.

결과는 명확했다. 회의는 다시 활기를 되찾았고, 팀원들은 고객 중심의 사례를 공유하기 시작했다. 보고서 형식은 단순 나열에서 전략적 기록으로 바뀌었으며, 고객 접점에서의 활동과 만남의 질도 눈에 띄게 상승했다. 작은 변화가 쌓이며 팀 전체의 에너지가 회복되었고, 매출도 이전 수준 이상으로 반등했다.

이 사례에서의 중요한 교훈은, 팀이 멈추는 신호는 외부 환경이 아니라 내부에 있다는 사실이다. 리더가 작은 신호를 포착하고, '대화·보고·공유의 장'이라는 조직의 기본 도구를 전략적으로 재설계하면 팀은 충분히 다시 움직일 수 있다는 사실을 우리는 명심해야 한다.

오늘 바로 시작하는 팀장 액션 가이드

팀이 멈추는 신호는 외부가 아닌 내부에 있다. 리더가 침묵·관성·무기력을 포착하고, 대화와 보고, 공유를 전략적으로 회복시키면 팀은 반드시 다시 움직이며 성과도 회복된다.

03

실적표보다 '팀의 온도'를 먼저 체크해야 하는 이유

실적은 팀장이 팀원을 갈구거나 압박한다고 만들어지지 않는다. 목표를 논리적으로 설계하는 기준과 방향의 명확함, 팀원의 감정을 움직이는 공감과 안전감, 그리고 팀장이 일관된 태도와 행동으로 쌓아온 신뢰가 조화를 이룰 때 비로소 성과는 자연스럽게 따라온다. 영업 조직에서 실적은 언제나 가장 중요한 지표처럼 보인다.

하지만 더 깊이 들여다보면 실적보다 더 중요한 것이 있다. 바로

팀 분위기이다. 실적은 팀 분위기를 따라 움직이고, 분위기는 팀
의 행동을 결정한다. 영업 조직에서 행동이 바뀌지 않으면 어떤
전략도 통하지 않는다. 그래서 리더라면 실적이 떨어지는 것보다
팀 분위기가 흐트러지는 것을 더 두려워해야 한다.

팀 분위기가 실적보다 중요한 이유는 간단하다. 실적은 과거의
결과이고, 분위기는 지금과 미래의 에너지다. 리더가 보는 세상
은 대부분 '숫자'로 구성되지만, 팀원들이 움직이는 세상은 '감정
과 에너지'로 이루어져 있다. 이 둘의 차이를 이해하지 못하면 리
더는 성과 하락의 이유를 외부에서만 찾다가 늦게 대응할 수밖에
없다.

좋은 팀 분위기에서는 팀원들의 행동이 자연스럽게 빨라진다.
피드백도 빠르다. 누가 시키지 않아도 고객에게 먼저 연락하고,
만나고, 경쟁 상황을 스스로 분석하고, 고객의 반응을 빠르게 팀
에 공유한다. 이런 팀에서는 작은 성공이 생기면 팀 전체가 함께
기뻐하고, 어려운 상황이 생기면 서로 협력하여 해결한다.

분위기가 살아 있는 팀은 숫자보다 사람을 먼저 만들고, 그 사
람은 자연스럽게 숫자를 만든다. 반대로 팀 분위기가 무너지면 실
적이 아무리 좋아도 위험한 신호다. 겉으로 보이는 실적은 아직
남아 있지만, 내부에서는 이미 에너지가 떨어지고 있다. 이 상태
가 되면 팀원들은 루틴만 반복하고, 고객 만남도 형식적으로 진행
된다.

겉으로는 바쁘게 움직이는 듯 보이지만 깊이가 없다. '바쁘다'라는 말은 많아지고, '배웠다'라는 말은 사라진다. 특히 분위기가 깨진 팀은 실패를 두려워하는 팀이 된다. 자유롭게 의견을 내지 못하고, 도전적인 제안을 시도하지 않으며, 고객의 요구를 깊게 파고들지 않는다. 실적이 떨어지는 팀의 공통점은 시도하지 않는다는 것이다.

시도가 줄어들면 성공 확률도 당연히 줄어든다. 그래서 분위기가 나빠지면 실적 하락은 시간문제일 뿐이다. 또 다른 이유는 팀 분위기는 팀의 '기대치'를 결정하는 힘을 가지고 있기 때문이다. 기대치는 행동의 기준이 된다.

예를 들어 목표가 100인데 분위기가 좋은 팀은 자연스럽게 120을 생각하고 움직인다. 반대로 분위기가 떨어진 팀은 목표가 100이어도 '90만 되면 다행이다'라는 내부적 기대치가 형성된다. 숫자는 같아도 팀이 갖는 생각과 태도는 완전히 달라지고, 결과 역시 달라진다.

리더의 위기 대응 능력에서도 분위기는 핵심 요소다. 좋은 분위기의 팀은 위기가 찾아와도 빠르게 회복한다. 왜냐하면 구성원들이 '우리는 해낼 수 있다'라는 믿음을 공유하고 있기 때문이다. 그러나 분위기가 무너진 팀은 작은 위기에도 쉽게 흔들린다.

문제 해결보다 불평과 책임 회피가 먼저 나온다. 같은 위기를 만나도 분위기에 따라 팀의 복원력이 극명하게 갈린다. 팀 분위기는

     PART 1 위기 진단 _ 왜 우리 팀의 성과는 제자리걸음인가

실행력에도 직접적인 영향을 미친다. 영업은 결국 '행동의 싸움'이다. 고객에게 하루 일찍 연락하느냐, 제안서의 한 문단을 고민하느냐, 경쟁 상황을 조금 더 깊이 분석하느냐 같은 작은 행동의 차이가 성과의 큰 격차로 이어진다.

분위기가 좋은 팀은 이런 작은 행동을 자연스럽게 쌓는다. 반대로 분위기가 무너지면 행동의 퀄리티가 떨어지고, 팀원들은 최소한의 요구만 충족시키려 한다. 그리고 무엇보다 중요한 이유는, 팀 분위기는 숫자가 아닌 '사람'을 위한 지표이기 때문이다. 실적은 시간이 지나면 회복할 수 있다.

하지만 팀원의 마음이 떠나버리면 회복이 거의 불가능하다. 조직을 떠나는 팀원들은 대부분 실적 때문이 아니라 '마음의 연결이 끊겨서' 떠난다. 쉽게 말해 함께 일하는 상사, 리더와의 연결이 끊겼기 때문이다. 리더가 이 사실을 이해하면, 팀 분위기가 얼마나 소중한 자산인지 절대 가볍게 보지 않게 된다.

팀 분위기는 사소해 보이지만 실제로는 팀 전체의 에너지, 실행력, 도전 정신, 복원력, 기대치, 신뢰 관계를 모두 결정한다. 실적은 이 요소들의 결과다. 그래서 팀 분위기를 먼저 잡으면 실적은 따라오지만, 실적만 관리하면 분위기는 무너지고 결국 숫자도 떨어지게 된다. 결국 영업 리더십의 본질은 실적을 밀어붙이는 것이 아니다.

팀의 분위기와 에너지를 관리하는 것이다. 팀 분위기가 살아난

조직은 반드시 다시 움직이고, 움직이는 조직은 예외 없이 성과가
다시 오른다.

　한 번은 실적만 놓고 보면 '문제없어 보이던' 영업팀 리더를 코
칭한 적이 있다. 숫자만 보면 목표 대비 95% 수준, 크게 흔들린
것처럼 보이지 않았다. 하지만 첫 코칭에 들어간 순간, 이 팀은
이미 멈추기 시작했다는 걸 직감했다. 팀원들에게 받은 보고서의
내용은 잘 정리돼 있었지만, 깊이가 없었다.

　경쟁사 이야기도, 고객 반응에 대한 생생한 이야기들도 보이지
않았다. "다음 주 계획은요?"라고 질문하면 준비된 문장을 읽는
답이 돌아왔다. 며칠 뒤 팀원들을 만나 개별 코칭을 진행하며 이
유를 조금씩 알게 되었다. 팀원들은 지쳐 있었다. 최근 몇 달간
목표 압박은 계속됐고, 잘한 것보다는 부족한 점만 지적받아
왔다.

　실적은 유지되고 있었지만, 팀 안에서는 이미 '어차피 해도 안
바뀐다'라는 공기가 퍼져 있었다. 그 팀의 문제는 실적이 아니라
분위기였다.

　나는 전략부터 바꾸지 않았다. 목표도 건드리지 않았다. 대신
첫 번째로 한 일은 회의의 분위기를 바꾸는 것이었다. 다음 주 회
의에서 숫자 이야기를 가장 뒤로 미루고 이렇게 말하라고 리더에
게 전달했다.

　　　　　　　　　　PART 1 위기 진단 _ 왜 우리 팀의 성과는 제자리걸음인가

“이번 주에 잘한 일 하나씩만 이야기해 봅시다.”

숫자가 아니라 ‘시도’, ‘도전’ 기준으로 말이다. 처음엔 모두 어색해했다. 침묵이 흘렀다. 그러다 한 팀원이 조심스럽게 입을 열었다. “지난주에 거절당했던 고객에게 다시 전화했는데, 미팅을 잡았습니다.” 나는 그 이야기를 끝까지 듣고, 왜 그 시도가 좋았는지를 팀 전체 앞에서 정리해 줬다.

그날 회의에서 숫자에 관한 이야기는 별로 하지 않았다. 하지만 회의가 끝날 무렵, 팀의 분위기가 달라져 있었다. 팀원들 표정이 조금 밝아졌고, 회의가 끝난 뒤에도 몇 명이 남아 서로 이야기를 나누고 있었다. 그다음 주부터 나는 원칙 하나를 만들어서 전달했다.

“실적보다 먼저 공유할 것은 시도와 배움입니다.”

계약이 안 된 미팅도 공유하게 했고, 실패한, 거절당한 제안서에서도 배운 포인트를 이야기하게 했다. 처음엔 형식처럼 느껴졌던 이 시간이 3주쯤 지나자 달라지기 시작했다. 회의에서 질문이 나오기 시작했고, 경쟁사 대응 아이디어가 자발적으로 공유됐다. 신기한 건, 그때부터 행동이 달라졌다는 점이다.

보고서에 적히지 않던 고객 이야기들이 회의실에 나오기 시작했고, 팀원끼리 고객 정보를 먼저 나누기 시작했다. 누가 시키지 않아도 움직이는 장면들이 늘어났다. 그리고 한 달 뒤, 숫자가 반응했다. 갑자기 큰 계약이 터진 건 아니었다. 대신 미팅 수가 늘었고, 제안서 퀄리티가 달라졌다.

경쟁 입찰에서 이기는 비율이 조금씩 올라갔다. 그 변화는 우연이 아니었다. 분위기가 행동을 바꾸고, 행동이 실적을 끌어올린 결과였다. 그 팀이 완벽해진 것은 아니다. 여전히 어려운 시장 상황도 있었고, 목표 압박도 존재했다. 하지만 분명한 차이가 하나 생겼다. 위기가 와도 팀이 먼저 움직이기 시작했다는 점이다.

숫자는 결과다. 결과를 바꾸고 싶다면, 먼저 팀의 분위기부터 살려야 한다. 움직이기 시작한 팀은 반드시 다시 성과를 만든다. 이건 이론이 아니라, 20년 현장에서 수없이 확인한 사실이다.

 **오늘 바로 시작하는 팀장 액션 가이드**

팀 분위기가 실적을 결정한다. 실적만 관리하지 말고, 먼저 팀의 에너지, 신뢰, 도전 정신을 살려야 행동이 바뀌고 성과도 반드시 따라온다.

     PART 1 위기 진단 _ 왜 우리 팀의 성과는 제자리걸음인가

04

리더의 눈에만 보이지 않는
조직의 균열들

좋은 리더는 조직 안에 오래 굳어버린 판단과 관성을 흔들어 깨운다. 익숙함이라는 이름으로 방치된 편견을 넘어, 팀이 다시 생각하고 다시 움직이게 만드는 힘을 만든다. 그는 단기적인 지시나 압박이 아니라, 방향에 대한 명확한 기준과 일관된 태도로 팀의 에너지를 되살린다.

통찰력 있는 리더는 성과와 효율이라는 말로 포장된 기존의 방식에 질문을 던진다. 무엇이 '맞다'가 아니라 무엇이 '의미 있는가?'를 고민하게 하고, 일의 방식과 성과의 해답은 하나가 아니라 각자의 강점과 역할 속에서 발견된다는 사실을 팀이 스스로 깨닫게 한다. 그런 리더 아래에서 팀원은 주어진 역할을 수행하는 사람이 아니라, 자신의 색깔로 성과를 만들어내는 존재로 성장한다.

조직이 흔들릴 때, 그것은 절대 갑자기 무너지는 법이 없다. 반드시 먼저 작고 사소해 보이는 신호들이 나타난다. 하지만 많은 리더가 이 신호들을 보지 못하고 지나간다. 크게 터지는 문제들에만 집중하기 때문이다. 영업 조직의 성과 하락은 겉으로 드러난 숫자보다 그전에 나타난 미묘한 변화에서 시작된다.

그리고 이 작은 변화들은 리더의 눈앞에서 매일 지나가지만, 리더는 그 의미를 깊게 해석하지 않는다. 왜냐하면 '아직 실적이 나오고 있으니 괜찮다'라고 생각하기 때문이다. 그러나 조직은 크게 흔들릴 때보다, 조용히 식어갈 때가 더 위험하다.

건강한 영업팀은 질문이 많다.
"고객은 왜 그렇게 말했을까?"
"경쟁사는 어떤 식으로 움직이고 있을까?"
"이 제안서 구조 괜찮을까?"

이런 질문은 팀이 살아 있다는 가장 명확한 증거다. 요즘 팀 회의에서 질문이 줄어들었다면, 그것은 팀원이 게을러진 것이 아니라 관심과 몰입이 줄어들었다는 것을 의미한다. 여기서 더 나빠지면 질문은 완전히 사라지고, 회의는 보고, 해산의 반복적인 패턴만 남는다. 질문이 사라지는 순간, 학습도 멈추고 성장도 멈춘다.

리더는 이 침묵의 변화를 가장 먼저 알아야 한다. 조직 분위기는 아침 인사에서 가장 먼저 드러난다. 예전에는 "팀장님, 어제 그거 말씀드렸던 거요!"라며 먼저 말을 걸던 팀원이 어느 순간 "안녕하

     PART 1 위기 진단 _ 왜 우리 팀의 성과는 제자리걸음인가

세요……” 하고 조용히 지나간다. 눈에 잘 띄지 않는 작은 변화지만, 리더가 놓치면 안 된다.

아침 인사 톤이 낮아지면 팀원의 정서적 에너지가 낮아졌다는 의미다. 감정의 온도가 떨어지는 순간, 영업 현장에서 행동도 자연스럽게 떨어진다. 잘되는 팀원들은 고객 미팅 후 피드백을 길게 얘기한다. 그 자체가 학습의 흔적이기 때문이다. 그런데 팀원들의 피드백이 점점 단답형으로 변한다면 주의해야 한다.

“괜찮았습니다.”
“그냥 일반적인 미팅이었어요.”
“특별한 건 없었습니다.”

이렇게 말이 줄어드는 순간, 리더는 ‘조심해야 할 시그널’로 봐야 한다. 영업의 모든 문제는 대화의 양과 깊이가 줄어드는 것에서 시작된다. 성공하는 팀의 공통점은 ‘분위기’가 있다. 특히 사소한 유머와 가벼운 농담은 팀의 긴장을 풀어주고, 팀원 간의 관계를 붙여주는 접착제 역할을 한다.

그런데 어느 순간부터 농담에 반응이 줄고, 웃음이 줄어들기 시작하면 그 팀은 이미 내부 스트레스 지수가 높아졌다는 뜻이다. 농담이 사라지는 팀은 이미 심리적 여유가 사라진 팀이다. 건강한 영업팀의 대화는 대부분 ‘고객 이야기’다. 고객이 어떤 고민을 하고 있는지, 어떤 제안이 필요할지, 어떤 경쟁사가 움직이고 있는지.

하지만 조직이 약해지면 고객 얘기보다 "시스템이 불편합니다", "프로세스가 복잡해요", "데이터 입력이 너무 많아요." 등과 같은 내부 이슈에 관한 대화가 늘어난다. 내부 이슈는 중요하지만, 팀이 여기에 대부분의 에너지를 쏟기 시작하면 이미 고객 중심 사고에서 멀어지고 있다는 신호다.

영업 보고는 팀의 상태를 가장 명확하게 보여준다. 건강한 팀의 보고서에는 인사이트, 고객 반응, 개선 포인트, 다음 행동 계획이 들어 있다. 그러나 팀이 흔들리면 보고는 활동 나열로 바뀐다.

"○○ 고객 미팅 진행"
"견적 요청 예정"
"A사 문의 대응"

겉으로 보기엔 바빠 보이지만 내용은 없다. 이 순간부터 팀의 사고 깊이가 얕아지고, 행동 품질이 떨어지기 시작한다. 회의가 끝난 후 복도에서 "아까 그 이야기 괜찮았어요", "이 부분은 우리 같이 보죠." 이런 짧은 대화들이 없어진다면 경계해야 한다. 이 대화들은 공식적인 회의보다 더 큰 힘을 가진다.

팀의 에너지는 '비공식적 연결'에서 나온다. 복도 대화가 사라졌다는 것은 팀원 간의 연결이 느슨해졌다는 의미이며, 이는 매우 위험한 전조다. 작은 신호의 마지막 단계는 리더 스스로 느끼는 미묘한 위화감이다.

     PART 1 위기 진단 _ 왜 우리 팀의 성과는 제자리걸음인가

"요즘 팀이 예전 같지 않네."

"팀원들 텐션이 좀 낮아졌나?"

"왜 이렇게 말수가 줄었지?"

이 감정은 정확하다. 리더는 어느 정도 팀의 에너지를 직감으로 느낀다. 하지만 많은 리더가 그 느낌을 '내 오해인가?'로 넘기곤 한다. 그런데 그 감정은 대부분 틀리지 않는다. 리더가 느끼는 미세한 불편함은 팀의 깊은 연결이 흔들리고 있다는 전조다. 작은 신호를 본다는 것은 '감정의 데이터를 읽는 능력'이다.

리더십의 핵심은 숫자를 보는 눈이 아니라 '사람을 읽는 감각'이다. 작은 신호들은 모두 '정서적 데이터'다. 이 데이터를 읽을 수 있으면 팀을 일찍 살릴 수 있고, 읽지 못하면 위기가 커지고 난 후에야 문제를 보게 된다. 리더가 작은 신호를 빨리 포착하면 팀은 빠르게 회복한다.

작은 신호를 놓치면 팀은 느리게 썩어가다가, 결국 큰 문제로 터진다. 작은 신호를 읽는 리더는 팀의 온도를 다룰 줄 아는 리더이며, 팀의 온도를 회복시켜 실적을 다시 올리는 리더다.

사라지는 '질문', 아침 인사의 텐션, 미팅 후 피드백, 분위기, 고객 이야기, 보고서, 복도 대화 등의 작은 신호들을 반드시 점검하길 바란다. 조직은 한순간에 무너지지 않는다. 질문이 사라지고, 말이 줄고, 분위기가 식는 작은 신호들부터 시작된다. 이 미세한 변화를 읽는 것이 리더십의 본질이며, 숫자보다 사람의 온도를 먼저 살피는 리더만이 팀을 일찍 살릴 수 있다.

작은 신호를 잡는 순간, 팀은 다시 움직이기 시작한다. 이 책을 읽는 팀장이라면, 지금 바로 팀의 작은 신호를 놓치지 않고 살피기 시작해야 한다.

 **오늘 바로 시작하는 팀장 액션 가이드**

팀의 작은 신호를 읽는 순간, 조직은 조기에 회복할 수 있다. 질문, 대화, 피드백, 분위기, 고객 중심 사고 등 '사소한 변화'를 포착하는 것이 리더십의 본질이다.

　　　　　　　PART 1 위기 진단 _ 왜 우리 팀의 성과는 제자리걸음인가

05

압박의 역설
: 숫자를 밀어붙일수록 팀은 얼어붙는다

현명한 리더는 자신이 옳다고 믿는 방식과 기준을 한 치의 의심도 없이 절대적 정답으로 밀어붙이지 않는다. 모든 판단과 전략은 그것을 주장하는 사람의 경험과 편의가 섞일 수밖에 없다는 사실을 알기에, 스스로 확신하는 신념과 가치 체계를 끊임없이 되돌아보고 의문의 여지를 남겨 둔다. 그 여백이 팀의 생각을 열고, 현장을 다시 말하게 만든다.

이에 따르면 성과를 다시 내는 영업팀은 익숙함에 길들여진 기존의 방식과 관습을 그대로 따르지 않는다. "우리는 늘 이렇게 해 왔다"라는 옷을 벗고, 고객과 시장에 맞는 새로운 습관을 입히기 위해 불편함을 감수한다. 성과는 지시가 아니라, 질문과 재설계에서 다시 만들어진다.

성과가 떨어지기 시작하면 리더의 머릿속에는 하나의 질문이 떠오른다.

"도대체 왜 안 움직이는 거지? "

그리고 많은 리더가 거의 본능적으로 같은 선택을 한다. 관리 강도를 높이고, 보고를 촘촘하게 하고, 숫자를 더 자주 이야기한다. 회의에서 실적 그래프를 더 크게 띄우고, 목표 달성률을 더 강조한다. '지금은 느슨해질 때가 아니다'라는 생각 때문이다. 하지만 아이러니하게도, 이 시점부터 팀은 더 멈춘다.

숫자를 더 밀어붙일수록 팀원들의 표정은 굳어지고, 회의에서 말수는 줄어들며, 행동은 '필요 최소한'만 남는다. 리더는 분명 더 열심히 관리하고 있는데, 팀은 점점 더 수동적으로 변한다. 이 현상을 많은 리더가 이렇게 해석한다. '요즘 팀원들이 책임감이 부족해졌다', '긴장감이 풀린 것 같다', '조금 더 강하게 잡아야겠다'.

하지만 문제의 원인은 그 반대다. 팀원들이 느슨해진 것이 아니라, 이미 너무 긴장해 있다. 성과가 흔들리는 상황에서 숫자 압박은 팀원들에게 이렇게 해석된다. '실패하면 안 된다', '지금은 실수할 여유가 없다', '괜히 나섰다가 책임만 커질 수 있다'. 이 생각이 퍼지는 순간, 팀은 움직이는 데 필요한 가장 중요한 에너지를 잃는다. 시도할 용기다.

영업은 시도의 누적이다. 새로운 고객에게 먼저 연락하고, 한 번 더 미팅을 제안하고, 조금 불완전하더라도 제안을 던져보는 행동에서 기회가 생긴다. 그런데 숫자 압박이 강해질수록 팀원들은

'확실한 것'만 하려 한다. 안전한 고객, 익숙한 방식, 실패 확률이 낮은 선택만 반복한다.

겉으로 보면 움직이고 있는 것처럼 보인다. 미팅도 있고, 보고도 있고, 일정도 빼곡하다. 하지만 그 안에는 새로운 시도가 없다. 팀은 바쁘지만 정체돼 있다. 이 시점의 리더는 종종 이렇게 말한다. "실행력이 문제다." 그러나 실제로는 실행력 이전에 실행을 시작할 마음이 사라진 상태다.

숫자를 밀어붙이는 방식은 성과가 잘 나올 때는 효과가 있다. 이미 에너지가 살아 있고, 팀이 스스로 움직이고 있을 때는 숫자가 방향을 잡아주는 나침반 역할을 한다. 하지만 팀의 에너지가 떨어진 상황에서는 숫자는 연료가 아니라 압박 장치가 된다. 이때 리더가 숫자를 더 강하게 들이밀수록 팀은 자신을 스스로 보호하기 위해 움츠러든다.

멈춘 팀을 다시 움직이게 하고 싶다면 리더는 한 가지 질문을 바꿔야 한다. "왜 숫자가 안 나오지?"가 아니라 "지금 이 팀은 왜 시도를 멈췄지?" 이 질문을 던지는 순간부터 리더의 역할도 달라지기 시작한다.

한 번은 실적이 눈에 띄게 꺾이기 시작한 영업팀을 맡은 적이 있다.

전년 대비 큰 폭은 아니었지만, 연속 두 달 목표 미달이었다. 보고서를 보며 가장 먼저 든 생각은 단순했다. '지금 이 분위기로는 안 된다. 조금 더 조여야 한다.' 그래서 나는 회의 방식을 바꿨다. 주간 보고를 일간 단위로 쪼갰고, 미팅 수, 통화 수, 방문 수, 제안서 발송 수를 더 세밀하게 체크했다.

회의실 화면에는 항상 실적 그래프가 떠 있었다. 상승 곡선은 강조했고, 내려가는 구간은 빨간색으로 표시했다. 회의가 끝날 때마다 이렇게 말했다. "지금은 버텨야 할 때입니다", "한 건만 더 하면 분위기 바뀝니다", "각자 조금만 더 신경 씁시다". 논리적으로는 틀린 말이 아니었다. 실제로 팀원들도 고개를 끄덕였다. 하지만 이상하게도, 그다음 주부터 팀이 조금씩 조용해지기 시작했다.

회의에서 질문이 사라졌다. 예전에는 경쟁사 이야기, 고객 반응 이야기가 자연스럽게 나왔는데 어느 순간부터 보고만 하고 끝났다. "질문 있는 사람?" 내가 그렇게 말하면 모두 고개를 푹 숙였다. 고객과의 미팅 수는 줄지 않았다. 오히려 숫자는 맞춰졌다. 보고서도 꼬박꼬박 올라왔다. 겉으로 보기엔 팀은 여전히 바빴다.

그런데 현장을 다녀오면 묘한 위화감이 느껴졌다. 팀원들의 말투가 짧아졌고, 고객 이야기가 깊지 않았다. "특이 사항 없었습니다." 이 말이 반복됐다. 나는 그때 이렇게 판단했다. '아직 긴장감이 부족하구나.' 그리고 더 관리했다.

하지만 어느 날, 한 팀원과 면담을 하다 분위기가 달라졌다는 사실을 깨달았다. 평소 말이 많던 사람이었는데, 그날따라 조심스럽게 말문을 열었다.

"팀장님, 요즘은……. 뭘 더 해도 혼날 것 같아서요."

순간 말이 막혔다. "무슨 뜻이야?"라고 묻자, 그는 잠시 망설이다가 이렇게 말했다.

"실적이 안 나오니까 새로운 시도보다는 문제없을 것 같은 것만 하게 됩니다. 괜히 다르게 했다가 결과 안 나오면 설명할 게 너무 많아져서요."

그 말 한마디가 그동안 내가 놓치고 있던 걸 정확히 찔렀다.

나는 팀을 느슨하게 만든 게 아니라, 팀을 너무 긴장시키고 있었다. 그 순간부터 그동안의 장면들이 다시 보이기 시작했다. 회의에서 왜 질문이 사라졌는지, 왜 제안 방식이 비슷해졌는지, 왜 모두 '안전한 선택'만 반복했는지. 팀원들은 움직이지 않는 게 아니었다. 움직이려다 멈춘 것이었다.

숫자 압박이 커질수록 팀원들은 머릿속에서 계속 계산하고 있었다.

'이 행동이 안전한가?'

'이 선택이 문제 되지 않을까?'

'실패했을 때 뭐라고 설명하지?'

이 계산이 많아질수록 영업에 가장 중요한 행동, '시도'와 '도전'은 사라졌다.

나는 그제야 회의를 바꿨다. 다음 주 회의에서 실적 그래프를 가장 마지막으로 넘겼다. 그리고 이렇게 말했다.

"이번 주에는 결과 말고, 시도한 것이나 새롭게 도전한 것 하나씩만 이야기해 보자."

처음엔 다들 당황했다. 잠깐 침묵이 흘렀다. 그러다 한 팀원이 현장에 대한 새로운 접근에 대해 말했다. 계약도 결과도 아니었지만 나는 그 이야기를 꽤 흥미롭게 경청하며 들었다.

신기하게도 그다음 주부터 작은 변화가 나타났다. 보고서에 '고객 반응'이 다시 늘어났고, 회의에서 질문이 하나둘 나오기 시작했다.

숫자는 바로 오르지 않았다. 하지만 팀은 다시 움직이기 시작했다.

　　　　PART 1 위기 진단 _ 왜 우리 팀의 성과는 제자리걸음인가

그때 깨달았다. 멈춘 팀을 살리는 건 숫자를 더 세게 밀어붙이는 게 아니라, 시도해도 괜찮다는 공기를 회복시키는 것이라는 사실을.

리더가 숫자를 들이밀수록 팀은 자신을 스스로 보호한다. 하지만 리더가 질문을 바꾸는 순간, 팀의 행동도 바뀐다. "왜 숫자가 안 나오지?"가 아니라 "왜 이 팀은 시도를 멈췄지?"라고 질문을 던지자 비로소 팀이 보이기 시작했다.

그 이후로 나는 성과가 흔들릴수록 숫자를 더 보지 않는다. 대신 묻는다. 지금 우리 팀은 얼마나 안전하게 시도할 수 있는가.

질문이 바뀔 때 팀은 다시 움직이기 시작한다.

 **오늘 바로 시작하는 팀장 액션 가이드**

숫자를 강조하는 순간 팀은 움츠러든다. 성과를 회복하려면 결과가 아닌 '시도와 도전'을 먼저 살피고 허용하는 질문과 문화를 만들어야 한다.

06

실행력 문제가 아니다,
'마음의 연료'가 바닥난 것이다

팀을 잘 이끄는 리더는 뭔가 다르다. 그는 팀을 움직이기 전에, 모든 방향과 메시지를 그 일이 만들어진 맥락 속에서 먼저 설명하고 해석한다. 같은 목표와 지시라도 상황과 시점에 따라 전혀 다르게 받아들여질 수 있다는 사실을 알기에, 맥락을 리더십의 출발점으로 삼는다.

PART 1 위기 진단 _ 왜 우리 팀의 성과는 제자리걸음인가

첫째, 팀을 잘 이끄는 리더는 같은 목표라도 맥락에 따라 오해와 저항이 생길 수 있음을 정확히 인식한다. 그래서 성과 지표나 실행 과제보다 먼저 '왜 지금 이 일인가'를 분명히 짚는다.

둘째, 팀을 잘 이끄는 리더는 뻔한 지시도 행동으로 이어지게 설계한다. '열심히 하자'가 아니라, 팀원이 움직일 수밖에 없는 관점과 표현으로 목표를 다시 디자인한다. 말은 같아 보여도, 받아들이는 에너지는 전혀 다르다.

셋째, 팀을 잘 이끄는 리더는 기존의 해석에 안주하지 않는다. 관행과 고정관념에 기대기보다, 지금의 팀과 시장에 맞는 새로운 해석을 시도한다. 그 해석에는 리더 개인의 신념과 철학이 분명히 담겨 있고, 그것이 팀의 주의를 끌고 사고를 흔든다.

넷째, 팀을 잘 이끄는 리더는 이미 검증된 사례와 경험을 자기 팀에 맞게 재해석해 각인시킨다. 그대로 복사하지 않고, 팀이 이해하고 기억할 수 있는 이미지와 이야기로 바꿔 전달한다. 마지막으로, 팀을 잘 이끄는 리더는 실패와 역경을 숨기지 않고 자산으로 전환한다. 어려웠던 경험을 교훈과 방향성으로 재구성해, 팀의 다음 실행을 이끄는 힘으로 만든다. 그 역발상이 팀의 회복력과 지속 성장을 만든다.

성과가 떨어진 팀을 맡게 되면 리더의 머릿속에는 거의 자동으로 두 가지 질문이 떠오른다. '이 팀, 실력이 부족한 건가?', '아니면 의지가 없는 건가?' 그래서 대부분의 처방은 비슷하다. 교육을 더 붙인다. 외부 강사를 부른다. 회의에서 동기부여 메시지를 더 강하게 던진다.

"우리는 할 수 있습니다", "지금은 마인드를 바꿔야 할 때입니다", "어려울수록 버텨야 합니다". 그 말들이 틀린 건 아니다. 하지만 문제는, 멈춘 팀의 대부분은 이미 그 말을 알고 있다는 점이다.

내가 만났던 많은 영업팀은 과거에 분명 성과를 냈던 팀이었다. 영업의 기본도 알고 있었고, 고객을 대하는 태도도 나쁘지 않았다.

한때는 누구보다 먼저 움직였고, 스스로 기회를 만들던 사람들이었다. 그런데 어느 순간부터 그 팀은 움직이지 않았다. 회의하면 모두 고개를 끄덕이는데 회의가 끝나고 나면 행동으로 이어지지 않았다. "알겠습니다"라는 말은 많았지만, 그다음 단계로 나아가지 않았다. 리더는 답답해진다.

'알면서 왜 안 하지?', '의지가 없는 건가?' 하지만 현장에서 조금만 더 들여다보면 전혀 다른 풍경이 보인다. 그 팀원들은 게으르지 않았다. 오히려 너무 많이 고민하고 있었다. '지금, 이 상황에서 이걸 해도 될까?', '실패하면 뭐라고 설명하지?', '지금은 괜히 나서지 말자'. 이 상태의 팀은 실행을 안 하는 게 아니라, 실행을 보류하는 상태다. 움직이지 않는 것이 아니라 움직일 수 없는 상태다.

이때 필요한 개념이 바로 심리적 에너지다. 심리적 에너지는 '해볼 만하다'라고 느끼는 감정이고, '시도해도 괜찮다'라는 안전감이며, '이 팀 안에서는 넘어져도 다시 일어날 수 있다'라는 믿음이다. 이 에너지가 살아 있으면 사람은 굳이 지시하지 않아도 움직인다.

누가 보지 않아도 한 통 더 전화하고, 조금 불확실해도 미팅을 잡아본다. 반대로 이 에너지가 고갈되면 사람은 머릿속으로만 움직인다. 계산은 많아지고, 행동은 줄어든다.

한 번은 이런 팀을 만난 적이 있다. 겉으로 보면 성실한 팀이었다. 보고서도 깔끔했고, 프로세스도 잘 지켜지고 있었다.

하지만 고객 이야기를 물으면 대답이 늘 비슷했다. "특별한 건 없습니다", "크게 진전은 없었습니다". 그래서 한 팀원에게 조용히 물었다. "요즘 제안할 때 뭐가 제일 많이 부담돼?" 잠시 망설이던 그는 이렇게 말했다. "요즘은……. 잘 안될 것 같은 건 아예 시도 안 하게 됩니다."

그 말이 이 팀의 상태를 정확히 설명하고 있었다. 이 팀에 필요한 건 더 많은 교육도, 더 강한 동기부여도 아니었다. 다시 시도할 수 있는 에너지였다. 중요한 사실은 이 심리적 에너지가 숫자나 지시로는 절대 회복되지 않는다는 점이다. 오히려 압박이 강해질수록 에너지는 더 빨리 소진된다.

그래서 멈춘 팀을 살리는 리더는 가장 먼저 실행을 요구하지 않는다. 먼저 환경을 바꾼다. 회의에서 결과보다 과정을 먼저 묻고, 실패를 질책이 아니라 배움의 대상으로 다루며, 팀원의 말을 끝까지 듣고 판단을 늦춘다.

한 리더는 이렇게 회의를 바꿨다. "이번 주 고객으로부터 가장 힘들었던 순간은 언제, 어떤 상황이었는지 하나씩만 공유해 보자."

숫자나 결과를 강조하지 않고, 과정 일부분을 질문하고, 경청하기 시작했다. 점차 시간이 흐르자, 회의실 분위기가 달라졌다. 팀원들이 입을 열어 질문하기 시작했고, 고객 반응 이야기가 늘어났다. 작은 시도가 공유되면서 팀 안에 이런 메시지가 퍼졌다. '여기서는 해봐도 된다.'

그 순간부터 팀은 다시 움직이기 시작했다. 숫자는 그다음에 따라왔다. 겉으로 보면 이 과정은 느려 보인다. 지금 당장 성과를 끌어올리는 방법처럼 보이지도 않는다. 하지만, 이 단계를 건너뛰면 아무리 좋은 전략도 팀 위에서 작동하지 않는다. 성과는 행동의 결과이고, 행동은 에너지의 결과다.

에너지가 없는 팀에게 실행만 요구하는 건 빈 탱크에 가속 페달을 밟는 것과 같다. 그래서 리더의 역할은 분명하다. 멈춘 팀 앞에서 "왜 안 하느냐"라고 묻는 사람이 아니라, '다시 움직일 수 있게 만드는 사람'이 되는 것이다. 이 차이를 이해하는 순간, 리더는 팀을 다루는 방식 자체가 달라진다.

나는 20년 동안 수많은 영업팀을 지켜봤다. 성과가 잘 나올 때의 팀과 성과가 꺾이기 시작한 팀의 가장 큰 차이는 '얼마나 움직이느냐'가 아니라 '얼마나 살아 있는 에너지로 움직이느냐'였다.

    PART 1 위기 진단 _ 왜 우리 팀의 성과는 제자리걸음인가

성과가 좋을 때 영업사원들은 같은 행동을 해도 표정이 다르다. 거절을 당해도 "한 번 더 해보자"라는 말이 자연스럽게 나온다.

회의에서 질문이 많고, 서로의 사례를 흥미롭게 듣는다. 실패를 숨기지 않고, 오히려 공유하며 배운다.

하지만 성과가 꺾인 팀은 다르다. 겉으로는 움직이고 있지만, 안에서는 이미 멈춰 있다. 고객을 만나면서도 결과를 기대하지 않는다. 보고서를 작성하면서도 '왜 쓰는지'를 잊어버린다.

회의에서 고개는 끄덕이지만, 마음은 이미 회의실을 나가 있다. 이건 게으름의 문제가 아니다. 의지의 문제도 아니다. 에너지가 바닥났을 때 나타나는 전형적인 증상이다. 심리적 에너지는 숫자로 보이지 않는다. 그래서 더 위험하다. 리더의 눈에는 '활동량은 유지되고 있다', '보고는 올라오고 있다', '지시한 건 다 하고 있다'로 보인다.

하지만 팀의 내면에서는 이런 생각이 흐른다. '해봤자 안 된다', '예전에 다 해봤다', '어차피 위에서는 숫자만 본다'. 이 순간부터 영업은 '도전', '시도'가 아니라 '소모'가 된다. 같은 전화를 걸어도, 같은 미팅을 해도 결과는 달라지지 않는다.

에너지가 살아 있는 사람은 고객의 미묘한 반응을 읽고, 한 마디를 더 던지고, 한 번 더 설득한다. 하지만 에너지가 고갈된 사람은 형식만 남긴 채 빠르게 대화를 끝낸다.

그래서 나는 성과가 떨어진 팀을 코칭할 때 가장 먼저 실행 계획을 묻지 않는다. 대신 이런 질문을 던진다.

"요즘 팀원들이 웃는 순간이 언제입니까?"
"회의에서 자발적으로 나온 질문이 최근에 있었나요?"
"실패 사례를 편하게 말할 수 있는 분위기입니까?"

이 질문에 답이 막히면 아무리 정교한 실행 전략을 가져와도 소용이 없다. 엔진에 연료가 없는데, 액셀만 더 밟는 격이기 때문이다. 문제는 실행력이 아니라 심리적 에너지다. 이 말을 뒤집어 보면 이렇게도 말할 수 있다. 심리적 에너지가 살아나면 실행력은 자연스럽게 따라온다.

팀이 다시 움직이기 시작하는 순간은 대단한 전략이 공유됐을 때가 아니다. 숫자가 갑자기 좋아졌을 때도 아니다. 대부분 이런 순간이다. 리더가 처음으로 "요즘 많이 힘들지?"라고 말했을 때이다.

지금 이 문장을 읽고 있는 관리자라면, 바로 이 순간 당신의 한마디가 팀의 에너지를 바꿀 수 있다는 것을 떠올리길 바란다.

작은 성공 하나를 팀 전체가 함께 인정해 줬을 때. 실패한 영업사원의 이야기를 혼내지 않고 끝까지 들어줬을 때. 그 순간, 팀 안에서 꺼져가던 불씨가 다시 살아난다. 그리고 그 불씨가 다시 행동을 만들고, 행동이 쌓여 성과로 이어진다. 멈춘 영업팀을 살리는 출발점은 더 많은 실행 지시가 아니다. 더 촘촘한 관리도 아니다.

     PART 1 위기 진단 _ 왜 우리 팀의 성과는 제자리걸음인가

지금 이 팀에 남아 있는 에너지가 무엇인지, 무엇이 팀의 에너지를 갉아먹고 있는지 리더가 진짜로 바라보는 것. 그것이 성과 회복의 첫 번째 조건이다.

오늘 바로 시작하는 팀장 액션 가이드

팀이 멈춘 원인은 실행력이 아니라 심리적 에너지의 고갈이다. 리더가 숫자가 아닌 팀의 에너지를 먼저 살피고 회복시킬 때, 행동과 성과가 자연스럽게 따라온다.

07

멈춤의 미학
: 성과를 반전시키기 위해 리더가 봐야 할 것

멈춰야 비로소 보이는 것들이 있다. 팀이 멈췄을 때 리더의 본능은 대부분 같다. 더 빨리 가고 싶어진다. 회의를 늘리고, 보고의 양을 늘리고, 결정을 앞당긴다. 그러나 경험상 팀이 정체될수록 리더가 가장 먼저 해야 할 행동은 가속이 아니라 '정지'다. 잠시 멈춰서 팀을 바라보는 것, 숫자가 아니라 사람의 상태를 보는 일이다.

이 지점에서 이 시대의 진정한 리더는 관리자가 아니라 코치가 된다. 코치는 시도 때도 없이 지적하고 재촉하는 사람이 아니다. 단점과 문제를 들춰내기보다, 팀원 각자가 가진 강점과 가능성을 발견하도록 돕는 사람이다. 그리고 그 가능성이 조직과 공동체 안에서 어떻게 기여와 공헌으로 연결될 수 있는지를 스스로 성찰하게 만드는 질문을 던진다.

팀이 멈춰 있을 때, 코치형 리더는 해답을 먼저 제시하지 않는다. 구체적인 방법을 일방적으로 가르치기보다, 팀원이 스스로 깨닫고 다시 시도할 용기를 얻도록 기다리고 북돋운다. 그 멈춤의 시간 속에서 팀원은 '무엇을 해야 하는가?'보다 '나는 이 팀에서 어떤 역할을 할 수 있는가?'를 고민하게 되고, 그 질문이 다시 움직이게 만드는 힘이 된다.

한 번은 이런 팀을 코칭한 적이 있다. 성과는 떨어져 있었고, 회의는 길어졌으며, 보고서는 늘어나고 있었다. 하지만 문제는 실행이 아니라 의미의 부재였다. 잠시 멈춰 서서 던진 몇 개의 질문이 팀의 공기를 바꾸었고, 그 이후에야 비로소 행동이 다시 살아나기 시작했다.

실적은 조금씩 내려가고 있었고, 리더인 팀장은 마음이 급해져 있었다. '지금, 이 타이밍에 늦으면 더 크게 무너질 수 있다.' 그래서 더 자주 회의를 열었다. 더 빠른 결정을 요구했다. 그런데 이상했다. 회의는 늘고, 보고의 양은 많아졌는데 팀은 더 조용해졌다.

어느 날 회의 도중 문득 이런 생각이 들었다. '왜 나만 말하고 있지?' 예전에는 회의가 길어지는 이유가 질문과 논쟁 때문이었다. 고객 반응을 두고 서로 의견이 갈렸고, 경쟁사 전략을 놓고 이야기가 오갔다. 그런데 그 회의실에서는 팀장만 이야기하고, 반응은 없었다. "알겠습니다", "진행하겠습니다". 이 말만 반복됐다.

그 순간 깨달았다. 지금 보고 있는 이 장면이 이미 하나의 신호라는 것을.

그래서 그날 이후 나는 팀장에게 숫자보다 다른 것들을 먼저 봐

주라고 말했다. 지금 당신의 팀은 얼마나 질문을 하고 있는가. 회의에서 누군가의 목소리가 사라지진 않았는가. 실패 이야기를 꺼냈을 때 분위기가 굳지는 않는가.

이 질문들은 어떤 KPI에도 적지 말라고 말했다.

한 팀원은 예전엔 회의에서 늘 의견을 내던 사람이었다. 그런데 어느 순간부터 그는 회의 내내 말을 하지 않았다. 예전 같으면 '왜 요즘 조용하지?' 하고 넘겼을 것이다. 하지만 코칭 후 팀장은 회의가 끝난 후 그를 따로 불렀다.

"요즘 회의에서 말이 없네." 그는 잠시 고민하다 이렇게 말했다. "괜히 말 꺼냈다가 틀린 방향이면 부담될까 봐요." 그 한마디가 팀의 온도를 그대로 보여주고 있었다. 그때 확신했다. 지금 이 팀에 필요한 건 더 많은 지시가 아니라 더 많은 안전감이라는 것을.

그래서 리더의 역할도 바뀌어야 했다.

성과 관리자에서 에너지 관리자로. 성과 관리자는 무엇을 했는지를 본다. 에너지 관리자는 어떤 상태에서 했는지를 본다. 성과 관리자는 결과를 묻는다. 에너지 관리자는 과정을 묻는다. 이 차이는 아주 작아 보이지만 팀에는 전혀 다른 메시지로 전달된다. "왜 이 결과가 나왔지?"와 "이걸 시도할 때 어떤 점이 어려웠지?"라는 완전히 다른 질문이다.

후자의 질문이 나오기 시작하면 팀은 조금씩 마음을 연다. 말이 늘어나고, 고객 이야기가 다시 나오기 시작한다. 그다음에야

     PART 1 **위기 진단** _ 왜 우리 팀의 성과는 제자리걸음인가

비로소 숫자를 이야기해도 된다. 그때의 숫자는 압박이 아니라 방향이 된다. 많은 리더가 이렇게 말한다. "바빠서 그런 걸 볼 여유가 없다." 하지만 현실은 반대다.

이 작은 신호들을 보지 않기 때문에 더 바빠진다. 문제가 커진 뒤에야 움직이기 때문이다. 리더십의 차이는 위기 상황에서 드러난다. 그리고 그 차이는 '큰 결정을 얼마나 잘하느냐'가 아니라 '작은 변화를 얼마나 빨리 감지하느냐'에서 갈린다. 팀이 완전히 무너진 뒤에 개입하면 회복에는 긴 시간이 필요하다.

첫 번째로 리더가 봐야 할 것은 '질문이 사라졌는가?'이다.

잘 움직이는 팀의 회의에는 질문이 많다. "이 고객은 왜 반응이 없을까요?", "다른 방식은 없을까요?" 같은 질문은 관심과 에너지의 증거다. 반대로 멈춘 팀의 회의에는 질문이 없다. 보고는 정확하지만, 토론은 없다. 지시는 내려오지만, 되묻는 사람은 없다.

이때 리더는 종종 이렇게 생각한다. '다들 이해했구나.' 질문이 없다는 건 이해해서가 아니라, 묻는 걸 포기했다는 신호다.

두 번째로 봐야 할 것은 '회의에서 사라진 목소리는 누구인가'다.

성과가 좋을 때 가장 활발하던 사람이 어느 순간부터 조용해졌다면, 그건 개인의 성향 문제가 아닐 가능성이 크다.

그 사람은 이미 여러 번 시도했고, 여러 번 말했지만 변화가 없었을 수도 있다. 혹은 말하는 순간 평가받고, 책임만 커졌던 경험을

했을지도 모른다. 멈춘 팀에는 항상 '조용해진 핵심 인력'이 존재한다. 리더가 그 신호를 놓치면 팀은 눈에 보이지 않게 약해진다.

세 번째로 반드시 봐야 할 것은 '실패 이야기를 꺼낼 수 있는가?'다.

성과가 좋은 팀은 실패를 숨기지 않는다. 오히려 실패가 가장 빠르게 공유된다. 그래야 다음 사람이 같은 실수를 반복하지 않기 때문이다. 반면 멈춘 팀에서는 실패가 개인의 책임으로 남는다. 실패를 말하는 순간 변명으로 들리고, 능력 부족으로 해석될까 두렵다. 이 분위기에서 팀원들은 도전보다 안전한 선택을 하게 된다.

결과적으로 팀은 움직이는 것처럼 보여도 실제로는 점점 좁은 범위 안에서만 움직인다.

네 번째로 리더가 멈춰서 봐야 할 것은 '보고서가 늘어난 이유'다.

성과가 떨어질수록 보고 항목과 형식은 더 많아진다. 관리하고 있다는 안도감 때문이다. 하지만 보고가 늘어났다는 건 현장이 잘 보이지 않는다는 신호이기도 하다.

현장을 신뢰하지 못할수록 리더는 종이 위의 숫자에 매달린다. 이때 리더가 스스로에게 던져야 할 질문은 이것이다. "이 보고가 팀을 움직이게 하는가, 아니면 나를 안심시키기 위한 것인가?"

마지막으로 가장 중요한 관찰 포인트는 팀원들의 표정과 말투다.

     PART 1 위기 진단 _ 왜 우리 팀의 성과는 제자리걸음인가

실적이 떨어질 때 팀은 리더의 말보다 분위기에 더 민감해진다. 한마디의 농담에도 위축되고, 한 번의 한숨에도 눈치를 본다. 말은 "해보겠습니다"라고 하지만 표정은 이미 포기하고 있다면 그 팀은 지금 멈춰 있는 상태다.

성과가 떨어질 때 리더가 해야 할 가장 중요한 일은 문제를 즉시 해결하는 것이 아니다. 문제를 정확히 바라보는 것, 그리고 그 문제를 팀과 함께 마주할 수 있는 공간을 만드는 것이다.

멈춰서 본다는 건 아무것도 하지 않는다는 뜻이 아니다. 잘못된 방향으로 더 빨리 달리지 않겠다는 리더의 결단이다. 이 순간의 '멈춤'이 다시 움직이기 위한 가장 빠른 시작이 된다. 사람의 마음은 깨진 다음에 붙이기 어렵다고 한다.

이 장에서 말한 모든 신호는 사실 새로운 것이 아니다. 이미 리더의 눈앞에 매일 나타나고 있었다. 다만 우리는 '아직 숫자가 남아 있다'라는 이유로, '지금은 바쁘다'라는 이유로 그 신호들을 해석하지 않았을 뿐이다. 성과 하락의 시작은 숫자가 아니라 팀 안의 분위기와 에너지에서 먼저 드러난다.

팀이 멈췄을 때 리더가 해야 할 일은 더 몰아붙이는 것이 아니라, 잠시 멈춰서 신호를 읽는 것이라고 말했다. 그 멈춤이 있어야 팀은 다시 움직일 힘을 회복한다는 사실을 꼭 명심하기를 바란다. 이제 다음 장에서는 멈춘 팀을 다시 움직이기 위해 리더가 가장 먼저 해야 할 단 하나의 조건을 이야기하려 한다.

전략도, 제도도 아니다. 팀의 에너지를 다시 켜는 가장 첫 번째 스위치다. 이 지점을 이해하는 순간, 팀은 다시 움직이기 시작하고 성과는 그 뒤를 따라온다.

오늘 바로 시작하는 팀장 액션 가이드

팀이 멈췄을 때 리더가 해야 할 일은 문제를 즉시 해결하는 것이 아니라, 잠시 멈춰 신호를 읽고 팀의 상태를 정확히 바라보는 것이다. 이 '멈춤'이 팀을 다시 움직이게 하는 출발점이 된다.

　　　　　PART 1 위기 진단 _ 왜 우리 팀의 성과는 제자리걸음인가

PART 2

성과를 가로막는 '보이지 않는 범인들'

08

움직이려 할수록 늪에 빠지는 조직 구조의 함정

좋은 리더는 팀원이 현재 처한 상황과 위치, 그리고 지향점을 명확히 인식하도록 돕는 사람이다. 단순히 목표를 제시하거나 길을 안내하는 데 그치지 않는다. 각 팀원이 자신의 강점과 한계를 객관적으로 바라보고, 지금 서 있는 자리에서 어디로 가야 하는지를 스스로 설정할 수 있도록 통찰을 제공한다. 팀원의 위상을 끌어올리는 리더란, 결국 사람을 성장의 위치로 옮길 줄 아는 전략가다.

이 관점에서 보면, 많은 리더가 영업 조직을 진단할 때 가장 먼저 들여다보는 숫자는 출발점일 수는 있어도 해답은 아니다. 매출, 목표 달성률, 신규 고객 수, 계약 건수는 결과일 뿐, 조직의 상태를 설명하지는 못한다. 숫자만으로 팀을 판단하는 순간, 리더는 이미 진짜 문제를 놓치고 있을 가능성이 크다.

영업 조직의 상태는 숫자보다 먼저 방향과 속도에서 드러난다.

팀원이 지금 어떤 단계에 와 있는지, 어떤 역량을 쌓고 있는지, 현재의 방식이 목표로 향하는 방향에 맞는지, 그리고 그 속도가 현실적인지부터 점검해야 한다. 위상을 끌어올리기 위해 가장 먼저 필요한 것은 '더 뛰어라'라는 압박이 아니라, 지금 내가 어디에 서 있는지를 정확히 보게 해주는 것이다.

취업 준비생에게 막연한 불안을 주기보다 강점과 적성에 맞는 직무를 탐색하게 돕듯, 좋은 리더는 팀원에게 무작정 높은 목표를 요구하지 않는다. 현재 역량의 수준을 객관적으로 파악하게 하고, 그 위치에서 가장 효과적인 준비와 실행 전략을 세우도록 돕는다. 선택 앞에서 흔들리는 팀원에게도 정답을 대신 내려주기보다,

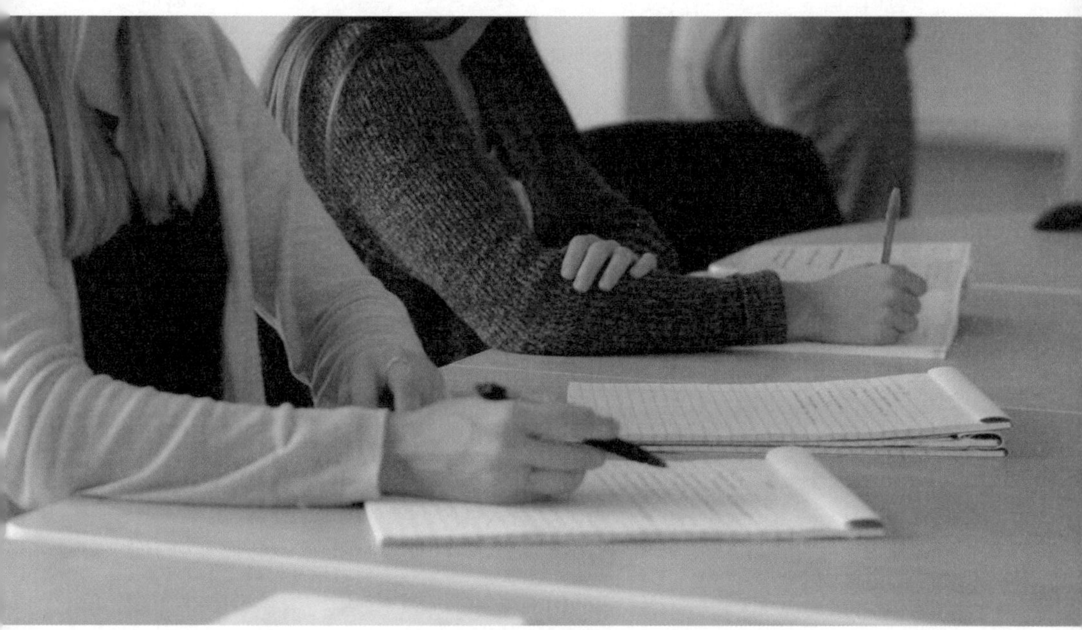

   PART 2 원인 분석 _ 성과를 가로막는 '보이지 않는 범인들'

선택지의 장단점과 그 이후의 변화를 함께 검토하게 하여 스스로 가장 합리적인 판단을 내리게 만든다.

결국 좋은 리더가 던지는 모든 메시지는 하나로 수렴된다. 지금의 위치를 정확히 인식한 다음, 이 자리에서 내 위상을 높이기 위해 무엇을 해야 하는가. 그 질문에 스스로 답하게 만드는 순간, 팀은 숫자 이전에 다시 움직이기 시작한다.

성과가 살아 있는 팀은 숫자가 오르기 전에 이미 움직임이 다르다. 고객에 대한 반응이 빠르고, 내부 피드백이 즉각적이며, 결정된 내용이 현장에서 바로 실행된다. 반대로 성과가 정체되거나 하락하는 팀은 숫자가 유지되는 동안에도 방향과 속도가 먼저 느려진다. 이것이 "영업 조직의 에너지는 숫자가 아니라 방향과 속도에서 보인다"라는 말의 본질이다. 방향과 속도는 눈에 보이지 않지만, 조직의 생명력을 가장 정확하게 보여주는 지표다. 팀이 살아 있을 때는 '지금 할 수 있는 일'을 미루지 않는다. 반면 멈추기 시작한 팀은 항상 비슷한 말을 반복한다.

"조금 더 정리해서 하겠습니다."
"다음 회의에서 다시 이야기해 보죠."
"상황을 좀 더 보면서 결정하겠습니다."

영업 조직에서 이 하루의 차이는 사소해 보일 수 있다. 그러나 이 하루가 쌓이면, 고객 접점의 수, 실행의 밀도, 학습의 양에서 회복하기 어려운 격차가 만들어진다. 방향과 속도가 살아 있는 팀은 같은 기간에 두 번의 고객 접점을 만든다. 속도가 죽은 팀은 한 번의 기회조차 제대로 살리지 못한다.

문제는 팀이 이렇게 멈추기 시작해도, 리더는 그것을 위기로 인식하지 못한다는 점이다. 보고는 정상적으로 올라오고, 회의도 예정대로 진행된다. 겉으로 보면 조직은 조용하고 안정적으로 보인다. 하지만 실제 현장에서는 실행이 줄어들고, 시도가 사라지며, 고객 접점이 눈에 띄게 감소한다.

이 상태의 조직은 겉보기에는 돌아가지만, 실제로는 멈춰 있다. '보고는 하지만 움직이지 않는 팀'이 되는 것이다. 속도가 떨어지면 조직의 학습력도 함께 떨어진다. 누군가 좋은 성과를 내도 공유되지 않고, 실패 사례는 반복된다. 성공을 복제하지 못하고, 실패에서 배우지 못한다.

그 결과 팀원들은 점점 더 안전한 선택만 하게 되고, 새로운 시도보다 익숙한 방식만 반복하게 된다. 이때 리더가 흔히 하는 착각이 있다. "팀원들이 예전만큼 적극적이지 않다", "요즘 실행력이 떨어진 것 같다". 그래서 목표를 더 잘게 쪼개고, 관리 지표를 더 촘촘히 만든다.

의도는 분명하다. 다시 움직이게 만들고 싶기 때문이다. 하지만 팀이 체감하는 현실은 다르다. 해야 할 일은 늘어났지만, 움직일 수 있는 여력은 줄어든다. 관리와 보고는 늘어나고, 현장에서 판단할 수 있는 자율성은 줄어든다. 이 구조 안에서 팀은 점점 더

     PART 2 원인 분석 _ 성과를 가로막는 '보이지 않는 범인들'

느려질 수밖에 없다.

이 시점에서 분명히 짚고 넘어가야 할 사실이 있다. 문제는 실행력이 아니다. 조직의 에너지가 이미 소진되고 있다는 점이다. 에너지가 떨어진 팀은 압박을 받을수록 더 움츠러든다. 숫자를 밀어붙일수록 방향은 흐려지고, 속도는 더 느려진다. 이 악순환이 반복되면, 리더가 아무리 의지를 불태워도 팀은 반응하지 않는다.

성과 하락은 갑자기 찾아오지 않는다. 그 전에 반드시 '움직임 하락'이라는 신호가 먼저 나타난다. 고객 접점이 줄어들고, 의사결정이 늦어지고, 실행이 미뤄진다. 리더가 이 신호를 놓치는 순간, 매출 하락은 시간문제가 된다. 리더가 팀의 상태를 점검하는 방법은 의외로 단순하다.

보고서보다 먼저, 팀원들의 일의 흐름을 보면 된다.

- 요즘 고객과의 접촉 빈도는 어떤가?
- 고객 요청에 대한 대응 속도는 빨라졌는가, 느려졌는가?
- 제안서 작성과 내부 공유는 예전보다 오래 걸리지 않는가?
- 회의에서 결정된 내용이 현장에 바로 반영되고 있는가?
- 새로운 시도보다 익숙한 방식만 반복되고 있지는 않은가?

이 질문들에 하나라도 "그렇다"라는 답이 나온다면, 그 팀은 이미 방향과 속도가 무너지고 있다. 성과가 떨어진 뒤에 팀을 움직이려면

훨씬 많은 에너지와 시간이 필요하다. 그래서 성과 회복이 어려운 이유는 단순하다. 리더가 숫자를 관리하려 했지, 구조를 관리하지 않았기 때문이다.

단순히 기술적인 코칭을 넘어, 사람에 대한 깊은 이해와 존중을 바탕으로 팀을 바라보는 시선. 그것이 바로 좋은 리더의 핵심이자 정수다. 팀이 멈추는 이유는 개인의 능력 부족이 아니다. 게으름이나 의지의 문제가 아니다. 대부분은, 팀원들이 움직일 수 없도록 설계된 구조 안에서 일하고 있기 때문이다. 숫자는 살아 있는데 방향은 흐려져 있고, 일은 많지만, 속도는 나지 않는 상태. 많은 리더가 이 지점을 놓친 채 사람을 바꾸려 한다.

이 장에서 반드시 기억해야 할 한 가지가 있다. 성과가 오르지 않는 팀은 문제가 많은 팀이 아니라, 방향과 속도가 죽어 있는

     PART 2 원인 분석 _ 성과를 가로막는 '보이지 않는 범인들'

구조 안에 놓인 팀이다. 그래서 해법은 더 강한 압박이 아니라, 구조를 다시 설계하는 질문에서 시작된다.

그렇다면 다음 질문은 자연스럽게 이어진다. 멈춰 있던 팀은 언제, 어떤 계기로 다시 움직이기 시작하는가? 그 전환점은 생각보다 거창하지 않다. 리더가 멈춰 서서 팀의 위치를 다시 보았을 때, 지시가 아니라 질문을 던졌을 때, 그리고 사람을 관리의 대상이 아니라 가능성의 주체로 존중하기 시작했을 때다. 그 순간, 멈춰 있던 팀은 아주 천천히, 그러나 분명히 다시 움직이기 시작한다.

오늘 바로 시작하는 팀장 액션 가이드

성과가 떨어진 팀은 문제가 많은 팀이 아니라, 방향과 속도가 죽어 있는 구조 안에 있는 팀이다. 리더가 먼저 봐야 할 것은 숫자가 아니라 팀의 흐름과 움직임이다.

09

팀 에너지를 좀먹는 5가지 독소와 해독제

2019년 3월 25일은 내 생애 잊을 수 없는 날이다. '비즈인싸랩' 이라는 브랜드가 세상에 처음 이름을 갖게 된 날이기 때문이다. 비즈인싸랩은 비즈니스 현장에서 '인싸'처럼 인정받고 신뢰받는 사람이 되고 싶다는 나의 소망, 그리고 20년간 현장에서 체득한 세일즈와 비즈니스 인사이트를 더 많은 사람들과 나누고 싶다는 문제의식에서 출발했다.

숫자와 성과로 평가받는 영업의 세계에서, 나는 늘 사람과 관계, 말과 태도가 성과의 출발점이라는 믿음을 가져왔다. 이 브랜드는 단순히 개인의 이름을 확장하기 위한 도구가 아니었다. 현장에서 수많은 영업팀을 만나며 반복해서 마주한 질문, "왜 실적이 떨어진 팀은 더 열심히 하는데도 살아나지 않는가?"에 대한 탐구의 결과였다.

그리고 그 질문의 끝에는 늘 같은 장면이 있었다. 영업팀의 에너지는 하루아침에 무너지지 않는다. 대부분은 아주 작은 균열에서 시작해 시간이 지나며 조직 깊숙한 곳까지 퍼져 나간다. 겉으로 보기에는 평온해 보이지만, 내부에서는 팀의 움직임을 갉아먹는 독소가 조용히 쌓인다.

이 독소는 불만 폭발이나 갈등 같은 큰 사건으로 드러나기 전까지는 거의 눈에 띄지 않는다. 그러다 어느 순간, 팀이 멈추고 실행이 떨어지며 분위기가 가라앉는다. 그 이유를 추적해 보면 시작점은 생각보다 단순하다. 대부분 이 다섯 가지 중 하나에서 출발한다.

그 첫 번째 신호는 무기력함이다.

영업팀에서 무기력은 곧 속도의 저하다. 실행이 생명인 조직에서 팀원들의 말과 행동에 "에이, 저건 안 돼요", "이미 다 해봤어요", "요즘 시장은 원래 그래요" 같은 말이 늘어나기 시작했다면, 이미 팀의 에너지는 빨간불에 들어온 상태다.

비즈인싸랩은 바로 이 지점에서 출발했다. 성과가 무너진 팀을 다시 뛰게 만드는 것은 새로운 전략이나 화려한 기법이 아니라, 무기력해지기 시작한 지점을 정확히 짚어내고, 그 균열을 회복시키는 리더의 시선과 태도라는 확신에서였다.

무기력함은 감정이 아니라 '전염'이다. 한 명의 느린 에너지가 팀 전체의 속도를 떨어뜨린다. 무기력한 팀의 공통점을 살펴보자.

- 고객 미팅을 잡는 속도가 느려진다.
- 기존 고객만 돌며 새로운 기회를 만들지 않는다.
- 변화보다 현상 유지를 선택한다.
- 목표가 '달성'이 아니라 '버티기'가 된다.

문제는 이 무기력함이 꽤 오랜 시간 동안 리더에게 보이지 않는
다는 점이다. 겉으로는 보고도 잘하고, 말도 잘하지만, 행동의 속
도는 눈에 띄게 느려진다. 지금 팀에서 "해보겠습니다"보다 "일단
상황 좀 보고요……"가 더 자주 들린다면 에너지를 갉아먹는 첫
번째 독소가 이미 번지고 있다.

둘째, 책임 회피다.
'누구 탓'이 시작되는 순간 실행은 멈춘다. 영업팀의 성과는 본
질적으로 '개인 책임+팀 책임'이 결합한 구조다. 그런데 어느 순
간부터 상황 탓, 환경 탓을 한다면 위험신호다.

> • "가격이 문제라서요."
> • "회사에서 지원을 안 해줘서……."
> • "시장 자체가 죽었습니다."
> • "경쟁사가 이번에 너무 강하게 프로모션을 해서요."

같이 책임을 바깥으로 밀어내는 말이 반복되기 시작하면 팀은
이미 목표를 잃었다. 책임 회피는 굉장히 위험한 독소다. 왜냐하
면 책임이 사라지는 순간, '내가 바꿀 수 있는 것'도 사라지기 때
문이다. 그러면 행동은 멈추고, 분석은 늘어나고, 변명은 자연스
럽게 자리 잡는다.
책임 회피의 무서운 점은 '틀린 말'이 아니라 '맞는 말'이라는 것

    PART 2 원인 분석 _ 성과를 가로막는 '보이지 않는 범인들'

이다. 시장은 어렵고, 경쟁사는 강해지고, 고객은 예산을 줄인다. 문제는 그것이 '설명'에 머물면 괜찮지만, '면책'으로 쓰이기 시작하면 팀의 에너지는 완전히 고갈된다.

셋째, 소통 단절이다.

대화는 있는데 '진짜 소통'은 없는 상태를 말한다. 영업팀은 말을 많이 하는 조직이다. 회의도 많고, 보고도 많고, 일일 점검, 주간 점검, 월간 점검, 분기 점검, 연 타깃 점검 등 너무나도 많다. 대화를 멈추는 조직은 거의 없다. 문제는 말은 많은데, 소통은 없는 상태가 온다는 것이다. 소통이 단절된 팀의 특징을 살펴보자.

- 회의는 하지만 아무도 핵심을 말하지 않는다.
- 질문을 해도 형식적으로만 대답한다.
- 문제가 있어도 "괜찮습니다"라는 말만 반복된다.
- 서로의 일정을 공유하지만, 협업은 일어나지 않는다.
- 리더는 듣고 있다고 생각하지만, 팀원은 이해를 못 한다.

이런 팀에서는 보고는 살아있지만, 공감과 연결이 죽는다. 그래서 실행이 안 일어난다. 특히 위험한 것은 리더만 "다 이해됐지?"라고 생각하고 실제 팀원들은 아무것도 이해하지 못한 상태로 흩어지는 장면이다. 이 소통 단절은 팀의 추진력을 결정적으로 무너뜨린다.

넷째, 불만은 말하는 순간보다 침묵할 때 더 위험하다.

영업팀은 스트레스가 많은 조직이다. 성과 압박, 고객 요구, 경쟁사 견제 등. 문제는 스트레스 자체가 아니라, 그 스트레스를 표현하지 못할 때 발생한다. 속으로는 이런 말들이 쌓인다.

- "뭘 해도 인정 못 받아……."
- "우리 팀은 원래 그래."
- "말하면 괜히 찍히니까……."
- "내가 뭘 바꿀 수 있겠어."

영업팀이 무너지는 건 소리치며 싸울 때가 아니다. 아무도 말하지 않을 때 무너진다. 부정적 정서가 쌓이면 팀원들은 자신을 보호하기 위해 '감정의 절전모드'로 들어간다. 이 모드에 들어가면 팀원은 '더 열심히 해야지'가 아니라 '이 정도면 됐어'로 태도가 변한다. 이 변화는 작아 보이지만 성과에 미치는 영향은 치명적이다.

다섯째, 생각이 늘어나고 행동이 줄어드는 순간, 즉 실행 중단이다.

겉으로는 다들 바쁘다. 전략도 말하고, 분석도 하고, 회의도 한다. 그러나 정작 실행은 줄어든다.

실행 없는 영업팀은 마치 시동만 걸린 자동차와 같다. 엔진은 울리지만 앞으로 나아가지 않는다. 시간이 지나면 연료만 소모되고, 결국 멈춘다. 실행 중단이 이어지는 팀은 속도를 잃고, 자신감을 잃고, 성과 반등의 기회를 잃는다. 독소는 사라지지 않는다. 제거해야 한다. 좋은 팀과 무너지는 팀의 차이는 크지 않다.

오히려 아주 작은 차이가 누적되어 결정적인 성과 차이를 만든다. 그 작은 차이를 만드는 것이 바로 에너지를 갉아먹는 5가지 독소다.

이 다섯 가지는 스스로 사라지지 않는다. 반드시 리더가 개입하고 제거해야 한다. 이 독소를 걷어내는 순간, 팀은 다시 움직이기 시작한다. 움직임은 속도를 만들고, 속도는 에너지를 만들고, 에너지는 성과 반등의 출발점이 된다.

팀 에너지를 갉아먹는 독소는 스스로 사라지지 않는다. 리더가 먼저 개입해 제거해야만 팀이 다시 움직이고, 속도와 에너지, 성과로 이어진다.

　　　　PART 2 원인 분석 _ 성과를 가로막는 '보이지 않는 범인들'

10

'슈퍼맨 팀장'의 비극
: 리더만 바쁜 팀은 반드시 무너진다

삼아제약, 한국MSD, 로지텍코리아 영업부에서 근무한 20년의 시간은 석사 과정까지 배운 다양한 이론적 지식이 실제 비즈니스와 영업 현장에서는 그대로 작동하지 않는다는 사실을 몸으로 깨닫게 한 소중한 실전의 시간이었다. 숫자와 전략보다 사람의 선택과 관계, 그리고 리더의 판단 구조가 성과를 좌우한다는 현실을 현장에서 매일 확인했다.

2010년부터 2026년까지 이어진 이 경험 속에서 특히 반복해서 목격한 장면이 있다. 성과가 떨어진 영업팀을 들여다보면 묘하게 비슷한 풍경이 펼쳐진다. 팀장은 누구보다 바쁘다. 회의도 많고, 보고도 많고, 현장도 직접 뛴다. 겉으로 보면 헌신적이고 책임감 있는 리더다. 그러나 이상하게도 팀 전체는 움직이지 않는다.

이 구조가 가장 위험한 이유는, 문제의 원인이 쉽게 드러나지 않기 때문이다. 리더가 바쁘다는 사실이 오히려 팀의 정체를 가린다. 하지만 성과가 나지 않는 팀의 상당수는 바로 이 지점에서 무너진다.

리더가 바쁠수록 팀은 멈춘다. 성과가 안 오르는 팀에는 공통된 구조적 특징이 있다.

일이 리더에게 몰린다. 결정도, 판단도, 해결도 모두 팀장이 맡는다. 중요한 고객은 리더가 직접 챙기고, 문제가 생기면 팀원은 먼저 실행하기보다 보고부터 올린다. 겉으로는 질서 있어 보이지만, 내부에서는 학습과 책임, 실행의 근육이 서서히 사라진다. 현장에서 깨달은 사실은 분명했다.

문제는 팀원의 역량이 아니라 구조였다. 이론이 아니라 경험이 말해 준 진실은 하나다. 리더가 모든 것을 잘하려 할수록, 팀은 점점 아무것도 하지 않는 조직으로 변해 간다. 회의에서는 팀장이 말하고, 팀원은 듣는다. 방향이 애매하면 "팀장님 생각은 어떠세요?"라는 말이 먼저 나온다.

이렇게 되면 팀장은 점점 더 바빠지고, 팀원은 점점 더 '움직이지 않는 구조' 안으로 들어간다. 문제는 실행력이 아니다. 책임의 중심이 팀이 아니라 리더에게 고정되어 있다는 점이다. 리더 혼자 뛰는 팀은 절대 오래 가지 못한다. 리더가 혼자 바쁜 팀에서는 다음 현상이 필연적으로 나타난다.

- 팀원은 '지시받은 일'만 한다.
- 자발적인 시도는 줄어든다.
- 판단을 미루는 습관이 생긴다.
- 실패를 두려워한다.
- 성과가 나빠질수록 더 조심스러워진다.

   PART 2 원인 분석 _ 성과를 가로막는 '보이지 않는 범인들'

이때 리더는 더 강하게 밀어붙인다. 하지만 숫자를 더 밀어붙일수록, 팀은 더 멈춘다. 왜일까? 팀원들의 머릿속에는 이미 이런 공식이 자리 잡았기 때문이다.

'어차피 결정은 팀장이 한다.'
'괜히 나섰다가 책임질 필요 없다.'
'지금은 버티는 게 낫다.'

이 순간부터 팀은 '성과를 만드는 조직'이 아니라 '리더의 체력을 소모하게 하는 구조'로 변한다. 성과는 개인의 바쁨이 아니라 팀의 에너지에서 나온다. 영업팀은 숫자로 평가받지만, 숫자를 바꾸는 힘은 언제나 팀 분위기와 에너지 구조에서 시작된다. 리더 혼자 바쁜 팀의 분위기는 공통으로 가라앉아 있다.

- "안 됩니다"라는 말이 쉽게 나온다.
- 새로운 시도는 위험으로 인식된다.
- 실패하면 침묵한다.
- 회의는 형식만 남는다.
- 서로에 대한 기대치가 낮아진다.

이건 숫자 하락보다 훨씬 무서운 신호다. 왜냐하면 실행 자체가 느려지기 때문이다. 반대로, 성과가 다시 오르는 팀은 다르다. 리더가 혼자 뛰지 않는다. 팀이 함께 움직인다.

리더의 역할은 '가장 바쁜 사람'이 아니다. 성과 반등이 필요한 시기, 리더의 역할은 전략의 설계자 이전에 구조의 설계자다.

특히 반드시 내려놔야 할 착각이 있다.
'내가 직접 하면 더 빠르다.'
'지금은 내가 나설 수밖에 없다.'
'팀원들이 아직 부족하다.'

이 생각이 쌓일수록 팀은 더 의존하고, 리더는 더 고립된다. 성과가 다시 오르는 팀의 리더는 혼자 뛰는 대신, 팀이 움직일 수 있는 판을 만든다. 리더 혼자 바쁜 구조를 깨는 전환 포인트. 구조 전환의 시작은 거창하지 않다.

다음 세 가지 질문에서 출발한다.

- "이 일, 내가 꼭 해야 하는가?"
- "이 결정, 팀이 해도 되는 건 무엇인가?"
- "지금 이 구조가 팀을 성장시키고 있는가?"

그리고 리더는 메시지를 바꾼다.

 PART 2 원인 분석 _ 성과를 가로막는 '보이지 않는 범인들'

- "내가 할게" → "누가 맡아볼까?"
- "이건 이렇게 해" → "어떻게 해볼 수 있을까?"
- "왜 안 됐어?" → "다시 시도하면 뭐가 달라질까?"

　이 언어 변화가 팀 분위기를 바꾸고, 분위기 변화가 실행을 만들며, 실행이 결국 성과를 다시 끌어올린다. 성과 반등은 이렇게 시작된다.

　성과가 다시 오르는 팀의 흐름은 언제나 같다.

1단계	리더가 혼자 뛰는 구조를 멈춘다.
2단계	팀에 책임과 판단이 분산된다.
3단계	팀 분위기가 살아난다.
4단계	실행 속도가 빨라진다.
5단계	작은 성과가 나온다.
6단계	자신감이 전염된다.
7단계	성과가 안정적으로 회복된다.

그래서 결론은 분명하다. 성과가 안 오르는 팀의 문제는 리더가
덜 뛰어서가 아니라, 너무 혼자 뛰고 있다는 데 있다. 성과는 리
더 혼자의 열정이 아니라 팀 전체가 함께 움직일 때 다시 올라온다.

오늘 바로 시작하는 팀장 액션 가이드

성과 부진의 핵심 원인은 리더가 덜 뛰어서가 아니라, 너무 혼자 뛰는 구조에
있다. 팀 전체가 움직일 수 있는 구조와 판을 만드는 것이 성과 회복의 시작점
이다.

　　　　　　　PART 2 원인 분석 _ 성과를 가로막는 '보이지 않는 범인들'

11

파편화된 정보
: 누구도 성공의 비결을 공유하지 않는다

2018년 6월 28일은 내 인생의 흐름이 분명히 갈라진 날이다. 한국MSD를 퇴사한 날이기 때문이다. 그해 나는 『거절에 대처하는 영업자의 대화법』을 출간했고, 영업성과 면에서도 전국 영업 1등을 기록했다. 숫자만 놓고 보면 부족한 것이 없어 보였다. 성과도 있었고, 결과도 있었고, 혼자서도 충분히 해낼 수 있다고 믿었다. 아니, 그렇게 믿고 싶었다.

그러나 회사 문을 나서는 순간, 그 확신은 빠르게 무너졌다. 그제야 스스로에게 질문을 던지기 시작했다. "정말 나는 혼자서 모든 것을 해낼 수 있는 사람인가. 이 성과들은 온전히 나의 실력이었을까, 아니면 구조와 관계, 환경이 만들어낸 결과였을까." 그 질문은 이후 수많은 영업팀을 들여다보며 다시 반복되었다.

성과가 오르지 않는 영업팀을 자세히 관찰하면 의외의 사실 하나를 발견하게 된다. 아무 성과도 없는 팀은 거의 없다는 점이다.

작은 계약, 의미 있는 미팅, 가능성 있는 시도는 분명 팀 안에서 계속 만들어지고 있다. 그런데도 팀 전체의 성과는 좀처럼 살아나지 않는다.

이유는 단순하다. 성공이 공유되지 않기 때문이다.

성과가 쌓이지 않는 팀의 많은 리더는 성과를 개인의 결과로만 인식한다. 누가 계약을 땄는지, 누가 실적을 냈는지는 기억하지만, 그 과정에서 어떤 판단을 내렸는지, 어떤 질문이 효과적이었는지, 어떤 선택이 가능성을 만들었는지는 남지 않는다. 성공은 있었지만, 학습은 없었다.

이 지점에서 나는 다시 깨달았다. 혼자 잘하는 사람은 성과를 만들 수는 있지만, 팀을 살리지는 못한다. 성과를 개인의 능력으로만 남겨 두는 순간, 팀은 다시 제자리로 돌아간다. 반대로 작은 성공이라도 공유되고 해석되는 순간, 그 성과는 개인의 결과를 넘어 팀의 자산이 된다.

퇴사 이후의 시간은 내게 분명히 가르쳐 주었다. 성과가 쌓이지 않는 이유는 실행이 부족해서가 아니라, 성공을 함께 축적하지 않는 구조 때문이라는 사실을. 그리고 진짜 리더십은 성과를 독점하는 데 있지 않고, 성과를 조직의 언어로 남기는 데 있다는 것을 말이다.

"성과는 개인이 만드는 것이다."

절반은 맞고, 절반은 틀리다. 성과는 개인이 만들지만, 성과를 키우는 건 팀의 구조다. 성과가 안 오르는 팀에는 공통된 패턴이 있다. 누군가는 잘한다. 하지만 그 방식이 공유되지 않는다. 잘한 이유가 정리되지 않는다. 팀의 기준으로 남지 않는다. 그래서 다음 실행은 또 각자도생이다.

결국 팀은 계속 '흩어진 실행' 상태에 머문다. 공유되지 않는 성공은 없는 것과 같다. 성공이 공유되지 않으면, 그 성과는 팀 차원에서는 존재하지 않는 것과 같다. 잘한 사람만 알고 끝난다. 다른 팀원은 "저 사람은 원래 잘해"라고 해석한다. 재현할 수 있는 구조가 만들어지지 않는다. 팀 전체의 자신감으로 확산되지 않는다.

이 구조가 반복되면 팀은 점점 이렇게 말하기 시작한다. "누군가는 잘하지만, 우리 팀은 아닌 것 같다." 이 인식이 자리 잡는 순간, 팀의 에너지는 다시 떨어진다.

실행이 흩어지는 팀의 내부 풍경은 아래와 같다.

- 공유되지 않는 팀의 회의는 늘 비슷하다.
- 결과 보고는 있지만 과정 공유는 없다.
- 숫자는 말하지만, 방법은 말하지 않는다.
- 성공은 개인의 이야기로 끝난다.
- 실패는 조용히 묻힌다.

이런 팀에서는 실행이 축적되지 않는다. 매번 새로 시작하는 느낌만 반복된다. 그래서 리더가 아무리 좋은 메시지를 던져도 성과가 오래가지 않는다. 구조가 받쳐주지 않기 때문이다. 움직이는 팀은 '성공을 시스템화'한다. 성과가 다시 오르는 팀은 다르다. 이 팀들은 작은 성공도 절대 흘려보내지 않는다.

"이번에 왜 잘 됐지?"
"이걸 다음에도 써먹으려면 뭐가 핵심일까?"
"이건 우리 팀의 기준으로 삼자"

이 질문들이 반복되면서 성공은 개인의 결과가 아니라 팀의 자산으로 바뀐다. 그래서 이 팀들은 시간이 갈수록 강해진다. 성과가 쌓이기 때문이다.

한 중견 제약사 영업팀에서 있었던 일이다. 팀은 매달 목표 달성률이 60~70% 수준으로, 실적이 꾸준히 오르지 않고 있었다. 개별 영업사원은 나름의 방법으로 고객을 만나고 계약을 따냈지만, 그 과정과 성공 요인은 팀 전체로 공유되지 않았다. 팀원들은 서로 '저 사람은 원래 잘해'라는 식으로만 생각했을 뿐, 누구도 다른 사람의 성공에서 배워 실행으로 연결하지 못했다. 리더는 이 문제를 파악하고, **세 가지 공유 구조**를 도입했다.

1) 성과 말하게 만들기

매주 월요일 팀 회의에서 단순히 "지난주 실적은?"만 묻던 회의를 바꿨다. 팀원들이 '이번 계약이 성사된 이유'와 '접근 과정에서 선택한 전략'을 한 명씩 발표하게 했다. 자연스럽게 서로의 행동과 선택이 공유되기 시작했다.

2) 성과 정리 기준 만들기

리더는 각 발표 후 "이번에 성공한 핵심을 한 줄로 정리하면 무엇인가?"라고 질문했다. 예를 들어 한 팀원의 발표에서 '고객 요청 사항을 바로 반영한 맞춤형 제안서'가 핵심이었다면, 이를 팀 기준으로 기록했다.

3) 다음 실행과 연결

공유된 성공 포인트를 기반으로 "다음 주 누구에게, 어떤 고객에게, 어떻게 적용할까?"를 팀 단위로 계획했다. 단순한 개인 경험이 아니라 팀 차원의 실행 계획으로 연결되었다. 결과는 놀라웠다. 한 달 만에 팀 전체의 신규 계약 건수가 이전 달 대비 40% 증가했고, 팀 분위기도 완전히 바뀌었다.

이제 팀원들은 서로의 성공에서 배우고, 실패를 공유하며 다음 행동을 설계했다. '저 사람은 잘해'라는 생각 대신 '우리 팀 방식으로 해보자'라는 인식이 생기면서, 흩어져 있던 실행이 팀의 흐름으로 자리 잡았다.

이 사례가 보여주듯, 성과가 다시 오르는 팀은 특별한 전략이
있어서가 아니다.

작은 성공도 팀 차원에서 공유하고, 기준으로 정리하며, 다음
실행으로 연결하는 구조가 있기 때문에 팀 전체가 움직이는 것
이다.

■ 리더가 반드시 만들어야 할 3가지 공유 구조

성과 반등기 리더가 해야 할 일은 명확하다.

❶ 성공을 '말하게 만드는 구조'
→ 결과만이 아니라 과정과 선택을 말하게 한다.

❷ 성공을 '정리하는 기준'
→ "이번에 잘된 이유 한 줄로 정리하면?"

❸ 마이크로 매니저형
→ "다음 주 누구에게, 어떻게 써볼까?"

이 세 가지가 없으면 아무리 좋은 성과도 팀을 바꾸지 못한다.
공유가 시작되면 실행은 흩어지지 않는다. 성공이 공유되기 시작

 PART 2 원인 분석 _ 성과를 가로막는 '보이지 않는 범인들'

하면 팀의 분위기와 실행 패턴이 동시에 바뀐다.

"그 방법 나도 써볼게."
"우리 팀 방식이 생겼다."
"이번엔 해볼 만하다."

이때부터 실행은 개인의 노력이 아니라 팀의 흐름이 된다. 그래서 성과가 다시 오르는 팀은 특별한 전략이 있어서가 아니다. 성공을 모으고, 쌓고, 퍼뜨리는 구조가 있기 때문이다. 성과가 안 오르는 팀은 성과가 없는 팀이 아니다. 성과가 공유되지 않는 팀이다. 그리고 공유되지 않는 성공은 결국 흩어지는 실행으로 이어진다.

리더의 역할은 성과를 만드는 사람이 아니라, 성과가 팀에 남도록 만드는 사람이다. 이 구조가 만들어질 때 팀은 비로소 다시 움직이기 시작한다.

오늘 바로 시작하는 팀장 액션 가이드

리더 역할 : 성과를 만드는 사람 ➡ 성과가 팀에 남게 하는 사람
성공 공유 없이는 실행도 흩어지고 팀 성과는 회복되지 않는다. 공유 구조가 생기면 팀은 다시 움직이기 시작하며, 실행과 에너지가 동시에 회복된다.

12

소통의 장벽,
'메신저'가 아니라 '메시지'가 문제다

"말은 많은데, 왜 행동은 퍼지지 않는가"

성과가 나지 않는 팀을 보면 리더들은 흔히 이렇게 말한다. "회의도 하고, 소통도 하는데 왜 현장은 안 바뀔까요?" 그러나 많은 리더가 놓치는 사실이 있다. 성과가 나지 않는 팀은 소통이 없는 팀이 아니라, 소통이 행동으로 연결되지 않는 팀이다. 말은 오가지만 실행은 퍼지지 않고, 보고는 쌓이지만, 변화는 축적되지 않는다.

이 지점에서 '소통'을 다시 정의할 필요가 있다. 소통은 말의 양이 아니라 영향력의 흐름이다. 그리고 그 흐름의 출발점은 언제나 리더다. 리더가 팀원들과 소통을 잘하려면, 기술적으로 말을 잘하는 것보다 먼저 자기 정체성이 분명해야 한다. 리더의 말이 팀원들의 마음속으로 파고들지 못하는 이유는 표현이 부족해서가 아니라, 말 뒤에 서 있는 삶과 기준이 보이지 않기 때문이다.

팀원들은 리더의 말을 듣기 전에 사람을 먼저 읽는다. 어떤 선택을 해왔는지, 무엇을 중요하게 여기는지, 위기의 순간에 어떤 기준으로 결정했는지를 직관적으로 감지한다. 그래서 리더의 삶과 태도는 곧 소통의 신뢰 자산이 된다. 삶을 능가하는 메시지는 없고, 정체성을 뛰어넘는 소통도 존재하지 않는다.

리더의 한마디만으로 팀이 지속적으로 움직이지는 않는다. 영업팀이 다시 움직이기 시작하는 출발점은 대개 리더의 말이지만, 그 에너지가 유지되고 확산되는 이유는 따로 있다. 동료 간 영향력 구조가 작동하기 시작할 때다. 리더의 메시지가 개인의 말로

머무는 것이 아니라, 팀원 사이에서 해석되고 반복되며 행동으로 옮겨질 때 비로소 소통은 힘을 갖는다.

결국 소통의 본질은 설득이 아니다. 리더의 정체성에서 출발한 말이 팀 안에서 영향력의 흐름을 만들고, 그 흐름이 행동으로 연결될 때 성과는 뒤따른다. 소통이 멈춘 팀이 아니라, 영향력이 멈춘 팀이 성과를 잃는다.

성과가 나는 팀은,
'리더 → 팀원'의 단방향 구조에 머물러 있지 않다.
'리더 ↔ 팀원', '팀원 ↔ 팀원'이 동시에 작동하는 다방향 소통 구조를 갖추고 있다.
이 구조가 만들어지는 순간, 팀은 '관리되는 조직'이 아니라 스스로 움직이는 조직으로 진화한다. 조직 심리학에서 자주 인용되는 문장이 있다.

> "사람을 바꾸는 가장 강력한 힘은
> 리더가 아니라, 인접한 동료다"

영업 조직에서는 이 말이 더욱 정확하게 들어맞는다. 팀원들은 리더보다 동료와 더 많은 시간을 보내고, 실제 행동 기준과 감정의 방향은 회의실보다 동료들 사이의 분위기 속에서 형성되기 때문이다. 리더 말이 안 먹히는 팀의 공통점으로 다음 두 장면을 떠

PART 2 원인 분석 _ 성과를 가로막는 '보이지 않는 범인들'

올려 보자. 리더는 "이번 주 다시 분위기 올리자"라고 말했지만, 팀 내 핵심 인력이 무기력하면, 팀 전체 흐름은 가라앉는다.

리더가 강하게 드라이브를 걸지 않아도 팀 안에서 누군가 꾸준히 움직이면, 다른 팀원들도 자연스럽게 따라 움직인다. 이 차이는 명확하다. 팀의 활력은 리더의 말로 시작되지만, 팀의 속도는 동료들의 상호작용이 결정한다. 그래서 성과가 나지 않는 팀의 내부 소통은 대부분 이런 특징을 갖는다.

- 리더의 말이 현장에서 사라진다.
- 좋은 시도는 개인 경험으로 끝난다.
- 성공이 공유되지 않는다.
- 실행이 개인 단위에서 멈춘다.

결국 팀은 '각자 일하는 집단'으로 남고, 성과는 반복되지 않는다.

▎팀을 살리는 사람, '전파자'의 존재

움직이는 영업팀을 자세히 들여다보면 반드시 한 가지 공통점이 있다. 에너지가 흐르는 축이 되는 사람이 존재한다는 점이다. 이 사람은 꼭 말을 많이 하거나 눈에 띄는 리더는 아니다. 조용하지만 꾸준히 실행하고, 작은 시도를 먼저 해보고, 성과를 자연스럽게 공유하며 후배들에게 영향을 주는 사람이다.

조직 심리학에서는 이들을 '전파자(Influencer)'라고 부른다. 전파자는 '말로 소통하는 사람'이 아니라 행동으로 소통하는 사람이다. 전파자는 팀 안에서 다음 역할을 한다.

중요한 사실이 있다. 전파자 한 명만 제대로 서도 팀 전체의 움직임은 달라진다.

실행이 퍼지지 않는 팀에 필요한 4가지 소통 구조에 관해 설명하겠다. 동료 영향력은 자연 발생하지 않는다. 반드시 구조가 필요하다. 구조가 있어야 행동이 반복되고, 반복되어야 성과가 축적된다.

현장에서 가장 효과가 높았던 4가지 구조를 소개한다.

1) 작은 성공을 '팀의 자산'으로 만드는 구조

대부분의 영업팀은 성공을 개인 기록으로만 남긴다. 그래서 성과가 퍼지지 않는다. 다음 세 가지만 정기적으로 돌아가도 팀은 달라진다.

> - "오늘 배운 점 30초 공유"
> - "이번 주 가장 잘한 행동 하나 공유"
> - "실패했지만 시도해 본 것 하나 공유"

이 구조가 작동하면 팀은 서로의 행동을 보고 배우기 시작한다. 성과가 개인의 것이 아니라 팀의 학습 자산이 된다.

2) 쌍방향 피드백 구조

팀원이 팀원을 일으키게 하라. 영업팀은 감정 소모가 큰 조직이다. 리더의 피드백만으로는 회복이 부족하다. 그래서 필요한 것이 동료 간 피드백 구조다.

> - "이번 주 고마웠던 동료 한 명 말하기"
> - "도움받았던 순간 한 줄 공유"
> - "서로 하나씩 칭찬하기"

이건 단순한 분위기 이벤트가 아니다. 팀의 심리적 연결감을 회복하는 구조다. 연결감이 살아나면 실행 속도는 자연스럽게 빨라진다.

3) 동료 멘토링 구조

경험이 행동을 끌어올리게 하라. 영업 조직은 개인 간 실행 격차가 크다. 그래서 다음과 같은 구조가 특히 효과적이다.

- 경력자 1명 + 신입 또는 저성과자 1명
- 한 달 동안 '단 하나의 행동'을 함께 반복
- 주 10분 점검

이 구조는 '가르침'이 아니라 함께 실행하는 구조다. 현장에서 저성과자의 실행 속도가 평균 30~50% 이상 상승하는 경우가 많았다.

4) 실행을 자극하는 경쟁 구조

성과 경쟁이 아니라 실행 경쟁. 경쟁은 잘 설계하면 팀을 살리는 도구가 된다. 핵심은 '결과 경쟁'이 아니라 행동 경쟁이다.

- 이번 주 고객 접촉 횟수 공개
- 가장 많이 실행한 사람 칭찬
- 실행 팁 공유

이 경쟁은 압박이 아니라 자극으로 작동한다. 자연스럽게 서로의 행동을 끌어올리는 환경이 만들어진다.

리더가 해야 할 일은 단 세 가지.
팀을 살리는 내부 소통 구조를 만들기 위해 리더가 해야 할 일은 많지 않다.

❶ 물꼬를 트는 말 한마디
❷ 작게 시작하는 실행 구조
❸ 서로에게 영향을 주는 연결 장치

이 세 가지가 맞물리는 순간, 팀은 매주 조금씩 그러나 확실하게 살아난다. 동료 영향력 구조가 작동하는 팀은 다음과 같은 변화를 보인다.

- 실행률이 눈에 띄게 올라간다.
- 분위기가 가볍고 빠르다.
- 실패를 두려워하지 않는다.
- 새로운 시도가 빠르게 확산된다.
- 리더 의존도가 낮아진다.

이 단계에 이르면 리더는 더 이상 팀을 끌어올릴 필요가 없다. 팀이 스스로 올라간다. 성과가 나지 않는 팀의 문제는 말이 부족해서가 아니다. 행동이 순환되지 않는 소통 구조에 있다. 이 구조를 바꾸는 순간, 팀은 다시 움직이기 시작한다.

 **오늘 바로 시작하는 팀장 액션 가이드**

말이 부족해서가 아니라 행동이 순환되지 않는 소통 구조가 문제다. 구조가 바뀌는 순간 팀은 다시 움직이기 시작한다.

13

숫자만 쫓는 관리가
어떻게 팀의 벽을 만드는가

성과가 떨어진 팀을 다시 살리기 위해 리더들이 가장 먼저 하는 행동은 놀라울 만큼 비슷하다. 목표를 다시 세우고, 숫자를 다시 꺼내 놓는다. 그리고 이렇게 말한다. "이번 분기에는 반드시 반등해야 합니다", "이제는 더 이상 물러설 곳이 없습니다". 말 자체는 틀리지 않는다.

그러나 문제는, 이미 멈춰버린 팀에게 이 말이 아무런 힘도 없다는 데 있다. 오히려 숫자는 동력이 되지 못하고, 팀원들 앞에 보이지 않는 벽으로 서게 된다. 숫자 중심 관리가 만드는 가장 큰 착각은 이것이다. 숫자가 명확하면 사람도 움직일 것이라는 믿음이다. 건설 현장에서 집을 지어 본 사람이라면 지붕부터 그리지 않는다.

반드시 기초부터 쌓는다. 영업팀도 마찬가지다. 목표와 숫자는 지붕에 가깝다. 잘 보이지만, 그것만으로는 팀을 지탱할 수 없다. 팀을 실제로 움직이게 만드는 힘은 팀원이 현장에서 직접 느끼고 경험한 작은 성공이다. 첫 미팅을 스스로 완주해 본 경험, 거절 속에서도 대화를 이어낸 순간, 어제보다 한 발 나아졌다는 체감. 이런 작은 성공이 반복될 때 팀은 다시 움직이기 시작한다.

이 경험이 쌓이지 않은 상태에서 아무리 목표를 높여도, 숫자는 동기부여가 아니라 압박이 된다. 현장에서 만들어진 작은 성공은 단순한 결과가 아니다. 그것은 다음 행동을 가능하게 하는 실전 이론이다. 보고서 속 숫자나 회의실의 구호가 아니라, 실제 현장에서 살아남은 경험만이 팀원의 판단 기준이 된다.

그래서 리더가 해야 할 일은 목표를 더 크게 외치는 것이 아니라, 작은 성공이 계속 만들어지고 공유되는 구조를 설계하는 것이다. 경험을 소중히 여기는 팀은 다르다. 일부 성과만으로 사람을 평가

하지 않고, 현장에서 축적된 경험을 바탕으로 지식을 만들어 간다. 팀원이 직접 살아낸 깊이와 넓이를 뛰어넘어 만들어지는 성과는 없다. 숫자는 결과일 뿐이다. 팀을 다시 살리는 진짜 출발점은 목표가 아니라, 현장에서 체감되는 작은 성공이다.

하지만 성과가 하락한 팀의 현실은 정반대다. 숫자가 명확해질수록 팀원들은 더 조용해진다. 보고는 형식적으로 변하고, 회의는 숫자 설명으로만 끝난다. 질문은 사라지고, 제안은 줄어든다. 팀이 무능해진 게 아니다. 숫자 앞에서 안전해지려고 하는 것이다. 에너지가 떨어진 조직은 실패를 두려워하지 않는다.

이미 여러 번 경험했기 때문이다. 대신 그들은 다시 기대하는 것을 두려워한다. 기대했다가 또 안 되면, 그 실망을 감당하기 어렵다는 걸 몸으로 알고 있기 때문이다. 그래서 팀원들의 머릿속에는 이런 생각이 자리 잡는다.

'이번에도 말만 그렇겠지.'
'조금 나아져도 결국 다시 떨어질 거야.'

이 상태에서 "이번 달 목표를 반드시 달성하자"라는 말은 동기부여가 아니라 압박이다. 숫자는 목표가 아니라 회피의 이유가 된다. 이것이 숫자 중심 관리가 만드는 첫 번째 벽이다. 그렇다면 멈춘 팀을 다시 움직이게 만드는 건 무엇일까. 대단한 전략이나

     PART 2 원인 분석 _ 성과를 가로막는 '보이지 않는 범인들'

반전 드라마가 아니다.

의외로 아주 작고, 명확하고, 바로 체감되는 '작은 성공'이다. 한 B2B 영업팀의 사례다. 이 팀은 6개월 연속 목표 미달 상태였다. 회의는 늘 숫자 이야기로 끝났고, 팀 분위기는 무거웠다. 리더는 이렇게 말했다.

"팀원들이 말을 안 합니다. 시키면 하긴 하는데 에너지가 없습니다."

나는 그 리더에게 이번 달 매출 목표를 잠시 내려놓자고 제안했다. 대신 단 하나의 행동만 정했다.

"이번 주에 모든 팀원이 고객에게 '추가 제안'을 한 번만 해봅시다."

성과를 보장하지 않는 행동이었다. 대신 조건을 붙였다. 결과가 아니라 '시도한 사례'를 전부 공유하는 것. 첫 주가 끝났을 때, 분위기가 달라졌다.

"생각보다 고객 반응이 있더라고요."
"바로 계약은 아니지만 다음 미팅이 잡혔습니다."

매출은 아직 변하지 않았다. 하지만 팀 안에는 분명한 변화가 있었다. 우리가 움직였고, 반응이 있었다. 이것이 첫 번째 작은 성공이었다. 작은 성공이 중요한 이유는 단순하다. 숫자는 결과지만, 작은 성공은 신호이기 때문이다.

'아직 끝나지 않았다.'

'우리도 움직이면 반응이 온다.'

중요한 점은 작은 성공은 반드시 바로 실행 가능해야 한다는 것이다.

- 추가 교육이 필요하지 않을 것
- 복잡한 승인 절차가 없을 것
- 이번 주에 바로 해볼 수 있을 것

이 조건을 만족하지 못하면 작은 성공이 아니라 또 하나의 과제가 된다. 멈춘 팀에게 "전략을 다시 짜보자"라는 말은 아직 이르다. 또 다른 조직에서는 늘 성과 상위자만 주목받고 있었다. 중·하위권 팀원들은 점점 존재감을 잃고 있었다. 그래서 칭찬의 기준을 바꿨다.

- 가장 빨리 움직인 사람
- 가장 먼저 공유한 사람

성과가 아니라 행동의 시작을 기준으로 삼았다. 처음엔 어색해했다.

"이 정도로 칭찬받아도 되나요?"

하지만 그 주부터 보고 속도가 빨라졌고, 팀 메신저가 살아났다.

     PART 2 원인 분석 _ 성과를 가로막는 '보이지 않는 범인들'

사람들은 성과보다 먼저 '움직여도 괜찮다'라는 신호를 받아야 한다. 에너지가 떨어진 팀에게 결과 중심 평가는 독이다. 결과는 통제할 수 없지만, 행동은 통제할 수 있기 때문이다. 그래서 작은 성공의 기준은 이렇게 바뀌어야 한다.

계약 성사 ➡ 제안 시도
매출 발생 ➡ 고객 반응
목표 달성 ➡ 행동 완료

이 전환이 일어나야 숫자가 만든 벽이 허물어진다.

한 유통 영업팀에서는 일부러 성공 가능성이 가장 높은 고객군만을 대상으로 집중 행동을 설계했다.
"지금은 확장하지 맙시다. 이길 수 있는 곳에서 먼저 이깁시다."
작은 매출 몇 건이 빠르게 나왔다. 금액은 크지 않았지만, 팀의 반응은 완전히 달라졌다.

"오랜만에 계약서 써봤네요."
"우리 팀도 아직 되긴 되네요."

리더의 역할은 공정한 판을 만드는 것이 아니다. 지금 이 팀이 이길 수 있는 판을 만드는 것이다. 특히 회복 단계에서는 도전적인 숫자보다 체감할 수 있는 성공이 먼저다. 숫자를 버리자는 이야기가 아니다. 숫자의 순서를 바꾸자는 이야기다. 숫자는 마지막에 와야 한다. 행동과 신호가 먼저다.

팀이 멈췄을 때 필요한 것은 더 큰 목표가 아니다. 당장 체감할 수 있는 작은 성공이다. 그 작은 성공이 "다시 움직여도 된다"라는 신호를 팀에 보낼 수 있기 때문이다. 이 신호가 쌓일 때, 조직의 에너지는 자연스럽게 살아난다. 그리고 그때부터 리더는 몰아붙이지 않아도 된다. 팀이 스스로 다음 행동을 찾기 시작하기 때문이다.

이제 다음 단계는 이 작은 성공을 어떻게 일회성으로 끝내지 않고 구조로 굳히느냐다.

그 이야기를 다음 장에서 이어가 보자.

오늘 바로 시작하는 팀장 액션 가이드

멈춘 팀에게 필요한 것은 더 큰 목표가 아니라 바로 체감할 수 있는 작은 성공이다. 작은 성공이 반복되면서 조직의 에너지가 회복되고, 행동과 실행이 자연스럽게 이어진다.

   PART 2 원인 분석 _ 성과를 가로막는 '보이지 않는 범인들'

PART 3

팀의 멈춘 심장을 다시 뛰게 하는 기술

14

에너지는 숫자가 아니라
'몰입의 속도'에서 나온다

　나도 영업을 시작했을 때, 잘하지 못하면서도 나도 모르게 열심히만 했다. 2008년 대학을 졸업한 뒤 세일즈 강사가 되고 싶다는 막연한 꿈을 안고 삼아제약 영업부에 입사했다. 처음 영업을 할 때 나는 담당 제품을 얼마나 논리적으로 설명하느냐, 얼마나 정확하게 정보를 전달하느냐에 모든 힘을 쏟았다. 제품의 의미를 이해시키면 고객은 당연히 설득될 것이라 믿었다.

　하지만 현장의 반응은 기대와 달랐다. 설명은 끝까지 들었지만, 고객의 표정은 담담했고, 대화는 깊어지지 않았다. 질문은 줄었고, 다음 약속으로 이어지지 않는 경우가 반복됐다. 시간이 지날수록 '왜 이렇게 열심히 설명하는데 반응이 없을까?'라는 생각이 머릿속을 떠나지 않았다. 혹시 고객이 무례한 건 아닐까, 관심이 없는 건 아닐까 하는 오해도 스쳤다.

　그러나 영업 경험이 쌓일수록 불편한 진실을 마주하게 됐다. 문제는 고객이 아니라 나였다. 내가 하는 영업은 영향력이 없었고,

고객의 의사결정이나 행동을 바꾸는 데 거의 도움을 주지 못하고 있었다. 한마디로 내 영업은 성실했지만 매력적이지 않았고, 정보는 있었지만 와 닿지 않았다.

수없이 실패하고, 계약 앞에서 장렬히 무너지는 경험을 반복하면서 한 가지 질문이 생겼다. "어떻게 해야 고객의 마음을 움직이는 영업을 할 수 있을까?" 이 질문은 곧 더 큰 깨달음으로 이어졌다. 대부분의 영업 실패는 '노력 부족'이 아니라 '방향 착오'에서 시작된다는 사실이다.

나는 목표를 향해 누구보다 열심히 달리고 있었지만, 정작 어디로 가고 있는지는 명확하지 않았다. 목표는 분명했지만, 방향은 흐릿했다. 그래서 영업은 점점 버거워졌고, 성과는 따라오지 않았다. 이 경험은 영업팀을 바라보는 시선까지 바꿔 놓았다. 대부분의 영업팀은 목표 중심으로 움직인다.

숫자를 먼저 던지고, 달성을 요구한다. 그러나 목표만으로는 팀이 움직이지 않는다. 오히려 목표는 영업사원을 압박하고, 속도를 떨어뜨리고, 실패감을 키우는 경우가 더 많다. 성과가 떨어진 팀일수록 목표는 '나아갈 방향'이 아니라 '부담의 상징'이 된다. 진짜 강한 영업팀은 목표 이전에 방향을 먼저 정렬한다.

지금 어디로 가고 있는지, 무엇을 하면 맞는 방향인지가 명확해야 팀은 움직인다. 방향이 불분명한 상태에서 숫자만 던져주면 팀은 뛰지 않는다. 멈추거나, 흩어진다. 그래서 성과가 다시 오르는

   PART 3 반전 전략 _ 팀의 멈춘 심장을 다시 뛰게 하는 기술

팀은 숫자보다 방향과 속도를 먼저 관리한다. 이 두 가지가 맞물릴 때 조직의 에너지는 다시 살아난다.

지금 돌아보면, 그때의 시행착오가 지금의 나를 만들었다. 잘하려 애썼던 시절이 아니라, 잘 안되는데도 멈추지 않고 방향을 다시 고민했던 그 시간이 영업의 본질을 가르쳐 주었다. 그리고 나는 확신하게 됐다. 영업이든 조직이든, 성과는 목표에서 시작되는 것이 아니라 방향이 맞을 때 비로소 따라온다는 사실을.

여기서 말하는 방향이란 거창한 비전이 아니다. "지금 이 팀은 어떤 행동을 하면 제대로 갈 수 있을까"에 대한 명확한 기준이다. 그리고 속도란, 그 방향을 향한 실행이 얼마나 빠르고 반복적으로 일어나는지를 뜻한다. 성과가 반등하는 팀을 관찰하면 공통점이 있다. 목표를 보고 뛰는 것이 아니라, 방향을 확인하며 모멘텀을 쌓는다. 즉, 목표를 쫓는 구조가 아니라 흐름을 만드는 구조를 먼저 만든다. 영업팀의 KPI와 목표는 필요하다. 그러나 목표가 곧 행동을 만드는 것은 아니다. 목표 중심 관리는 다음과 같은 문제를 일으킨다.

- 목표는 멀고, 오늘 할 일은 모호해진다.
- '해야 하는데…'라는 죄책감만 쌓인다.
- 숫자에 시선이 고정되면서 '실행의 감각'이 사라진다.
- 목표 미달에 대한 두려움이 팀의 속도를 떨어뜨린다.
- 실패가 누적되면서 학습이 멈춘다.

특히 실적이 떨어지는 시기에 목표 중심 관리를 하면 팀은 더 빨리 무너진다. 팀원들은 자신을 '실패자'로 인식하고, 실행보다 회피를 선택한다. 이때 리더가 해야 할 일은 목표를 더 크게 외치는 것이 아니라, 팀이 다시 나아갈 수 있는 방향을 분명히 보여주는 것이다. 그래서 성과가 떨어지는 팀을 살리기 위해서는 목표보다 모멘텀을 먼저 회복해야 한다.

모멘텀은 방향이 맞는 작은 실행들이 빠르게 이어질 때 생긴다. 방향 없는 실행은 소모가 되고, 방향 있는 실행은 에너지가 된다. 모멘텀은 한 번에 만들어지지 않는다. 아주 작은 움직임이 반복되며 팀 안에 축적되는 힘이다. 예를 들어 다음과 같은 행동들이다.

- 오늘 고객 미팅 1건을 더 잡는 행동
- 10분 더 전화하는 행동
- 하루에 성공 사례 한 줄을 공유하는 행동
- 팀원이 한 행동을 즉시 인정하고 칭찬하는 행동

이 행동들은 단독으로 보면 사소하다. 그러나 같은 방향으로 반복될 때, 팀은 어느 순간 '움직이는 흐름'을 타기 시작한다. 이것이 바로 모멘텀이다. 모멘텀은 '작게 시작해 빠르게 쌓이는 방향 있는 행동의 집합'이다. 그래서 강한 팀일수록 작은 실행이 많고, 약한 팀일수록 큰 목표만 강조한다. 모멘텀 관리의 핵심은 결과보다 속도에 집중하는 것이지만, 그 속도는 반드시 방향 위에서 관

    PART 3 반전 전략 _ 팀의 멈춘 심장을 다시 뛰게 하는 기술

리되어야 한다. 영업성과는 방향과 속도에서 나온다. 방향이 맞고, 속도가 살아나면 성과는 반드시 따라온다.

모멘텀을 관리하는 리더는 늘 이 두 가지 질문을 던진다.

이 질문만으로도 팀의 시선은 숫자에서 행동으로 이동한다. 모멘텀을 관리하는 팀의 특징은 다음과 같다.

이렇게 방향과 속도가 맞춰지면 목표는 자연스럽게 따라온다. 목표는 '억지로 달성하는 대상'이 아니라, 모멘텀의 결과물이 된다. 이제 방향을 잃지 않으면서 속도를 끌어올리는 실행 프레임워크, 3M 원칙을 소개하겠다. 이 구조는 실제 영업 조직에서 바로 적용할 수 있도록 설계되었다.

(1) Micro Action – 아주 작은 행동부터 시작한다

영업팀은 작은 행동을 관리해야 전체가 움직인다. 하루 10통의 추가 전화, 하루 1개의 고객 질문, 하루 1회 팀 공유, 하루 1번 동료 칭찬처럼 방향에 맞는 최소 행동을 설정한다. 이 행동들이 반복될수록 팀의 에너지는 자연스럽게 올라간다.

(2) Momentum Loop – 빠르게 공유하고, 빠르게 반응한다

모멘텀은 순환할 때 살아난다. 실행 → 공유 → 인정 → 확산의 속도가 빨라질수록 팀의 움직임은 증폭된다. 이 구조가 돌아가기 시작하면 팀은 가벼워지고, 실행은 일상이 된다.

(3) Meaning Feedback – 실행에 의미를 부여한다

영업사원은 숫자보다 의미로 움직인다. 리더는 잘한 행동에 즉시 이렇게 말해줘야 한다.

- "이 행동이 팀의 방향을 정확히 잡아줬다."
- "이 시도가 오늘 팀의 속도를 살렸다."
- "너의 실행이 다른 팀원들의 기준이 되고 있다."

행동에 의미가 연결되는 순간, 팀원은 스스로 행동을 반복한다. 강한 팀은 목표보다 모멘텀을 더 자주 이야기한다. 회의에서도 숫자보다 이런 질문이 먼저 나온다.

     PART 3 반전 전략 _ 팀의 멈춘 심장을 다시 뛰게 하는 기술

목표는 회의의 마지막에 잠깐 언급된다. 목표는 종착지일 뿐, 이번 주 팀을 움직이는 힘이 아니기 때문이다. 그래서 진짜 강한 영업팀은 목표보다 모멘텀을 더 자주 말하고, 더 자주 점검하며, 더 자주 칭찬한다. 모멘텀이 관리되는 팀은 어느 순간 스스로 달리기 시작한다. 이것이 바로 성과가 다시 오르는 영업팀의 실제 작동 방식이다. 숫자가 아니라 방향과 속도를 관리하는 팀. 그 순간, 팀은 다시 살아난다. 다시 움직인다. 다시 성장한다.

 **오늘 바로 시작하는 팀장 액션 가이드**

팀 성과는 숫자에서 나오지 않는다. 방향과 속도가 맞춰지고, 모멘텀이 반복될 때 팀이 스스로 움직이기 시작한다. 강한 팀은 목표보다 모멘텀을 먼저 관리하며, 이를 통해 에너지를 회복하고 성장한다.

15

'분위기'가 바뀌어야
'매출'이 반응하기 시작한다

리더는 자신의 지식을 전달하는 사람이 아니다. 조금 아는 것을 앞세워 판단하고 지시하는 존재도 아니다. 리더는 자신만의 경험과 철학, 그리고 분명한 컬러로 사람을 움직이게 만드는 사람이다. 진짜 좋은 리더는 스스로 감동을 연출한다고 착각하지 않는다. 팀이 감동받았을 때 비로소 리더십은 완성된다.

리더십의 본질은 관리가 아니라 에너지 창출이며, 리더의 역할은 성과를 직접 만드는 것이 아니라 사람이 움직이게 되는 분위기와 구조를 설계하는 일이다. 그래서 성과가 다시 반응하기 시작하는 순간은 숫자가 바뀔 때가 아니다. 팀의 분위기가 먼저 달라질 때다. 영업팀이 멈추는 과정은 늘 조용하다.

실적 하락도, 몰입 저하도 어느 날 갑자기 발생하지 않는다. 아주 작은 체념, 미묘한 무기력, 사소한 미실행이 쌓이며 팀의 움직임을 갉아먹는다. 반대로 다시 살아나는 순간 역시 거창하지 않다. 성과 반등의 출발점은 화려한 전략이나 대형 프로젝트가 아니라,

지금 당장 실행할 수 있는 아주 작은 행동 하나다.

　여기서 리더의 감동 설계가 힘을 발휘한다. 감동이란 감정적 고조가 아니라, '나도 한번 해볼 수 있겠다'라는 용기다. 리더가 던진 한마디, 먼저 보여준 작은 실행, 의미를 부여한 사소한 성과 하나가 팀의 공기를 바꾼다. 그 순간 팀원들은 지시가 아니라 자발성으로 움직이기 시작한다.

　영업 조직이 가진 가장 강력한 특징은 전염성이다. 누군가의 실행은 즉시 다른 사람에게 영향을 준다. 그 실행이 크든 작든 중요하지 않다. 더 중요한 건 '누군가 먼저 움직였다'라는 사실이다. 리더가 만들어야 할 것은 완벽한 계획이 아니라, 첫 번째 움직임이 자연스럽게 발생하는 환경이다.

결국 좋은 리더란, 팀의 일상을 의무의 연속이 아니라 작은 실행이 감동으로 번지고, 감동이 성과로 이어지는 흐름으로 바꾸는 사람이다. 그때 조직은 관리되지 않는다. 스스로 반응하며 살아 움직인다.

작은 실행이 지니는 힘은 다음 세 가지다.

1. 속도가 빠르다

복잡한 준비가 필요하지 않기 때문에 즉시 시작할 수 있다. 빠른 실행은 불확실성에 빠진 팀을 안정시키고, 조직에 '움직이기 시작했다'라는 신호를 준다.

2. 심리적 장벽을 낮춘다

영업팀의 '에너지 하락기'에는 모든 행동이 어려워 보인다. 하지만 간단한 실행 하나는 '우리도 할 수 있다'라는 감각을 되찾게 한다.

3. 모멘텀을 만든다

작은 실행은 다음 행동을 끌어내는 '기폭제' 역할을 한다. 처음엔 작은 불씨였던 실행이, 팀 전체를 움직이는 흐름으로 확장된다. 리더는 이 전염성을 이해해야 한다. 팀 전체가 무기력할 때, 가장 빠르고 확실한 해결책은 팀의 실행 수준을 평가하고, 즉시 착수할 수 있는 작은 행동을 만들고, 그 실행이 퍼지도록 돕는 것이다.

영업팀에서 작은 실행이 큰 흐름을 만든 대표적 상황은 다음

   PART 3 반전 전략 _ 팀의 멈춘 심장을 다시 뛰게 하는 기술

과 같다. 한 팀은 실적이 떨어지면서 회의가 침묵으로 가득했펴. 리더는 회의 방식을 완전히 바꾸기보다, 매일 아침 10분 체크인만 도입했다. 질문은 단 두 개였다. "오늘 반드시 해야 할 한 가지는?", "어떤 도움이 필요한가?"

이 작은 실행만으로 팀은 다시 살아나기 시작했다. 왜냐하면 사람들은 말하면 움직일 확률이 높아지기 때문이다. '고객 발굴이 어렵다'라고 호소하던 팀에게 리더는 다음 실행을 지정했다. "오늘은 신규 고객 3명에게만 연락해 보자." 성과는 즉각적이지 않았지만, 팀의 분위기는 크게 달라졌다.

단 3명이라는 숫자는 부담이 적고, 실행해 보면 성취감이 빠르게 생긴다. 이 '작은 성공 경험'이 팀 전체로 퍼지면서 다음 행동이 자연스럽게 이어졌다. 결국 한 달 후 팀의 신규 리드가 20% 이상 증가했다.

팀 내 소통이 막힌 상황에서 큰 대대적인 개편을 하기보다, 리더는 하루 5분 피드백만 도입했다.

- 한 가지 잘한 점
- 한 가지 개선 제안

단 두 가지로 나누는 것으로 충분했다. 이 작은 루틴 덕분에 팀의 분위기는 빠르게 긍정적으로 바뀌었고, 사람들은 서로에게 영향력을 주기 시작했다. 작은 실행을 설계하는 3단계에 대해 살펴보자. 영업팀의 특성상 작은 실행을 잘 설계하면 성과로 연결되는 속도가 매우 빠르다.

하지만 작은 실행이라도 '진정성'이 있어야 한다. 하나로 내과 서지원 원장님은 감사와 겸손을 몸으로 보여주며 직원들을 자연스럽게 움직이는 리더로 알려져 있다. 작은 관심과 피드백, 그리고 일상의 사소한 행동이 직원들의 심리적 에너지를 높이고, 팀 전체의 몰입과 분위기를 긍정적으로 바꾼다.

다음 세 단계로 설계하면 실패하지 않는다.

1단계 문제의 크기가 아니라 '지금 당장 할 수 있는 것'을 찾는다

문제가 크고 복잡할수록 팀은 더 움직이지 않는다. 이때 리더가 던져야 할 질문은 "가장 작은 단위의 실행은 무엇인가?"이다.

영업 초기, 나는 하나로 내과 서지원 원장님을 만나면서 단순히 환자를 돌보는 의료인을 넘어선 삶의 태도와 리더십을 배웠다.

원장님은 인생 자체가 나의 멘토였다. 항상 감사와 겸손을 몸으로 보여주셨고, 그 모습을 지켜보면서 '나도 나중에 나이가 들면 원장님처럼 살고 싶다'라는 생각을 가지게 되었다. 특히 영업과 병원 관계를 쌓는 과정에서 함께한 봉사활동은 강력한 교훈을 주었다. 받는 기쁨보다 주는 기쁨이 더 크다는 것을 체험했고, 단순한 실적을 위한 행동이 아닌, 타인을 위한 작은 실천이 곧 신뢰와 관계를 쌓고 장기적 성과로 이어진다는 사실을 몸으로 배우는 순간이었다.

이 사례는 실행 중심 코칭과 맞닿는다. 리더가 단순히 지시하는 것이 아니라, 자기 행동과 태도로 팀원에게 영향을 주고, 행동을 촉발할 수 있는 구조를 만들어야 한다는 것을 보여준다. 작은 실천, 감사, 배려가 팀의 행동 루틴과 신뢰 기반을 강화하고, 결과적으로 실행력과 성과 회복에 긍정적 영향을 미친다는 점에서 중요한 교훈이 된다.

현장에서 내가 사용하는 실제 방법이다. 참고하길 바란다.

- '신규 고객 발굴' 문제 ➡ 3명에게 연락
- '팀 소통' 문제 ➡ 5분 피드백
- '실적 정체' ➡ 1개 핵심 상품 집중 홍보

큰 문제를 작은 행동으로 쪼개야 실행이 시작된다.

2단계 실행 기준을 명확히 한다

모든 작은 실행에는 세 가지가 필요하다.

얼마나(범위), 누가(담당), 언제까지(시간)이다.

이 세 가지가 없으면 작은 실행도 흐지부지된다. 영업팀은 명확성이 있어야 속도가 붙는다.

작은 실행의 가치는 '전파'다. 누군가의 실행이 팀 전체에 보여야 전염된다. 보이는 흐름의 예를 들어보자.

- 팀 카톡방에 간단 인증 남기기
- 하루/주간 실행 리스트 공유
- 실행 칭찬 피드백 루틴

보이지 않는 실행은 팀에 영향을 주지 못한다. 반대로, 보이는 작은 실행은 팀 전체의 리듬을 바꾸는 신호가 된다. 실적을 다시 올리는 팀은 작은 실행을 가볍게 보지 않는다. 성과 반등을 경험하는 팀은 공통점이 있다.

- 작은 실행을 진진하게 다룬다.
- 실행의 '리듬'을 가장 중요한 팀 에너지로 본다.
- 팀원 간 전염·공유·확산을 자연스럽게 만든다.

작은 실행은 단순히 할 일이 아니다. 작은 실행 하나가 팀 전체를 움직이는 가장 빠르고 효과적인 레버리지다. 영업팀이 정체되어 있을 때, 리더가 고민해야 하는 것은 '어떤 전략이 필요할까?'

가 아니라 '내일 당장 팀이 함께할 수 있는 가장 간단한 실행은 무엇일까?'이다. 그 한 가지가 팀의 분위기를 바꾸고, 움직임을 만들고, 결국 실적까지 바꾼다.

흥미로운 것은, 영업과 골프가 놀라울 만큼 닮았다는 점이다. 둘 다 계획, 집중, 전략, 그리고 작은 행동의 반복이 결과를 만든다.

다행히도 나는 영업 초기, 고객이자 멘토였던 모태 산부인과 송영래 대표원장님으로부터 이 원리를 현장에서 직접 배울 수 있었다. 원장님은 필드에서 한 샷에도 집중하고, 매 샷 전략을 점검하며, 작은 행동의 중요성을 몸소 보여주셨다.

그 경험은 단순한 골프 기술을 넘어, 영업 현장에서도 작은 실행과 세심한 관찰이 팀과 성과를 바꾸는 핵심임을 깨닫게 해주었다. 작은 행동 하나가 신뢰와 관계를 만들고, 반복될수록 팀 전체의 리듬과 에너지를 변화시킨다는 점에서, 이 경험은 실행 중심 코칭의 강력한 교훈이 되었다.

오늘 바로 시작하는 팀장 액션 가이드

작은 실행은 단순 업무가 아니라 팀 전체를 움직이는 가장 강력한 레버리지다. 리더의 역할은 전략보다 '내일 당장 팀이 함께할 수 있는 가장 간단한 실행'을 설계하는 것이다. 이 한 가지 실행이 팀 분위기와 행동, 나아가 실적까지 바꾼다.

16

침체된 팀을 일으켜 세우는 리더의 결정적 한마디

뛰어난 리더에게는 특별한 것이 있다. 여기서 말하는 리더는 직함이나 권한으로 사람을 움직이는 관리자가 아니다. 매뉴얼에 적힌 답을 전달하는 사람도 아니다. 현장에서 몸으로 부딪치며 얻은 체험적 통찰을 설득의 에너지로 전환해, 팀의 분위기와 행동을 바꾸는 사람이 바로 우리가 말하는 뛰어난 리더다.

영업팀이 무너질 때는 대체로 조용하다. 숫자가 갑자기 폭락하지도 않고, 보고는 여전히 올라오며 회의도 예정대로 열린다. 하지만 팀 안에서는 미묘한 변화가 먼저 나타난다. 팀원들의 말수가 줄어들고, 질문이 사라지며, 회의실에는 "알겠습니다"라는 말만 반복된다. 이 순간이야말로 조직이 가장 위험한 신호를 보내고 있는 때라고 앞에서 말했다.

그럼에도 많은 팀장은 이 장면을 가볍게 해석한다. '요즘 분위기가 좀 가라앉은 것 같네', '조금만 더 힘내보자', '지금 시장이 안 좋아서 그래'. 하지만 뛰어난 리더는 이 침묵을 결코 가볍게 넘기

PART 3 반전 전략 _ 팀의 멈춘 심장을 다시 뛰게 하는 기술

지 않는다. 그는 이 조용한 정적 속에서 팀의 에너지가 빠져나가고 있다는 사실을 직감적으로 알아챘다.

그리고 이때 필요한 것은 더 많은 지시나 독려의 말이 아니라, 팀이 다시 움직이기 시작할 수 있도록 의미와 방향을 되살리는 한 번의 전환이라는 것도 알고 있다. 뛰어난 리더의 말은 관리의 언어가 아니다. 그 한마디는 지시가 아니라 신호가 되고, 설명이 아니라 각성이 된다.

침묵에 잠긴 팀의 공기를 흔들어 깨우고, 다시 질문이 나오게 만들며, 누군가 먼저 움직이도록 만드는 힘을 지닌다. 바로 이 지점에서, 뛰어난 리더만이 가진 보이지 않는 비밀 병기가 작동하기 시작한다.

현장에서는 이 말을 이렇게 해석한다.

'아, 이번에도 그냥 넘어가겠구나.'
'괜히 튀지 말고, 조용히 있자.'
'이번 분기는 버티기 모드구나.'

성과가 멈춘 팀은 전략이 부족해서가 아니다. 이미 할 수 있는 말은 다 들었다. 문제는 리더의 말이 팀의 행동을 바꾸지 못한다는 것이다. 실제 현장에서 전환을 만드는 말은 따로 있다. 그 말은 멋있지도 않고, 길지도 않다. 대신 듣는 순간 팀의 태도가 달라진다.

"지금부터는 결과보다 '시도'만 본다"

한 영업팀은 3개월 연속 목표 미달 상태였다. 팀원들은 더 이상 새로운 시도를 하지 않았다. 고객에게 전화하기 전에 "지금 연락 드려도 될까요?"라는 변명부터 떠올렸다. 그때 팀장이 회의에서 이렇게 말했다.

"이번 달은 결과로 평가 안 한다. 대신 시도 안 한 건 분명히 체크한다."

회의실 공기가 바뀌었다. 누군가는 고개를 들었고, 누군가는 노트를 펼쳤다. 이 말은 목표를 낮춘 말이 아니다. 행동의 기준을 바꾼 말이었다. 그 이후 팀원들은 다시 움직이기 시작했다. 성과가 바로 오르지 않아도 상관없었다.
'해도 괜찮다'라는 신호를 받았기 때문이다.

"이번 분기 결과는 내가 책임진다"

성과가 떨어질수록 팀원들은 본능적으로 움츠러든다. 보고서 문장이 길어지고, 숫자는 방어적으로 변한다. 이때 리더가 "왜 이렇게 나왔어?"라고 묻는 순간 팀은 완전히 멈춘다. 전환을 만든 리더의 말은 달랐다.

"이번 분기 결과에 대한 책임은 내가 진다.

대신 각자 이번 주에 안 해본 행동 하나씩만 해보자."

이 말 이후 팀 분위기가 풀렸다. 책임이 명확해지자 변명이 사라졌다. 사람은 책임이 불분명할 때 가장 먼저 멈춘다. 반대로, 책임이 정리되면 다시 움직인다.

"보고 줄이고, 실행 늘리자. 오늘부터."

실적이 떨어지는 팀의 공통점이 있다.

- 회의가 길다.
- 보고가 많다.
- 실행 이야기는 줄어든다.

한 팀장은 주간 회의에서 이렇게 말했다. "보고 자료 다음 주부터 반으로 줄인다. 그 대신 이번 주에 실제로 움직인 것만 이야기하자." 그 말 이후 PPT 페이지 수가 줄었고, 고객 이야기와 현장 이야기가 늘었다. 리더의 한마디가 팀의 에너지 사용 방향을 바꿔놓은 것이다. 전환의 말에는 공통점이 있다. 현장에서 실제로 팀을 움직인 말들을 보면 공통점이 분명하다.

첫째, 애매하지 않다.

"잘해보자", "신경 써보자" 같은 말은 아무도 움직이지 않는다.

전환의 말은 기준이 명확하다.

둘째, 누가 책임지는지가 분명하다.

리더가 책임을 먼저 가져갈수록 팀은 실행을 다시 시작한다.

셋째, 당장 행동이 떠오른다.

듣는 순간 "그러면 나는 뭘 하면 되지?"가 바로 떠오른다. 하지 말아야 할 말도 분명하다. 성과가 멈춘 팀에서 절대 해서는 안 되는 말들이 있다.

> - "다들 힘든 거 안다."
> - "지금은 시장이 너무 안 좋아."
> - "조금만 더 지켜보자."

이 말들은 위로처럼 들리지만, 팀에게는 정지 신호로 작동한다. 팀은 리더의 말에서 방향을 읽는다. 그리고 그 방향은 생각보다 훨씬 빠르게 행동으로 번진다. 전환은 말로 시작되지만, 말로 끝나지 않는다. 중요한 사실이 하나 있다. 전환의 한마디는 자주 하면 효과가 없다. 진짜 전환의 말은 자주 꺼내는 말이 아니다. 한 번 던졌다면 그다음은 리더의 태도와 선택이 그 말을 증명해야 한다.

팀은 리더의 말을 기억하는 게 아니라 그 말 이후의 행동을 기억한다. 성과가 다시 움직이기 시작하는 순간은 대부분 큰 전략 발표가 아니다. 회의실 한가운데서 나온 짧고 명확한 한 문장이다. 그 한마디가 팀의 해석을 바꾸고, 해석이 행동을 바꾸며, 결국 숫자의 방향을 다시 돌려놓는다.

전환을 만드는 리더는 말을 잘하는 사람이 아니다. 지금 이 팀에 필요한 한 문장을 정확한 타이밍에 꺼낼 줄 아는 사람이다.

 **오늘 바로 시작하는 팀장 액션 가이드**

전환의 말은 한 번으로 충분하며, 이후 리더의 행동이 이를 증명해야 한다. 팀은 말이 아니라, 말 이후의 행동을 기억한다. 성과 반등의 출발점은 '짧고 명확한 한 문장 + 그 말 이후 실행'이다.

17

스몰 액션(Small Action)
: 작은 실행이 팀의 관성을 깨운다

영업 조직이 멈추는 순간은 대개 비슷하다. 회의는 점점 길어지지만, 결론은 흐릿하고, 보고는 늘어나지만 실제 행동은 오히려 줄어든다. 팀원들은 각자 바쁘게 움직이고 있는 것처럼 보이지만, 이상하게도 팀 전체의 속도는 눈에 띄게 느려진다. 이때 리더들은 흔히 이렇게 말한다.

"이제 전략을 다시 짜야 할 것 같습니다."

"큰 방향을 다시 잡아야 할 때입니다."

말은 그럴듯하다. 그러나 현장을 오래 지켜본 사람이라면 안다. 팀을 다시 움직이게 만드는 출발점은 거창한 전략이 아니라, 거의 예외 없이 아주 작은 실행 하나라는 사실을. 바로 이 지점에서 리더의 역할이 드러난다.

리더는 힘든 하루하루를 버티며 현장을 살아내는 팀원들에게, 그럼에도 불구하고 다시 움직여야 할 이유를 명확하게 전달하는 사람이다. 리더십의 본질은 관리나 통제가 아니라, 조직 안에 의미와 에너지를 다시 생성해 내는 일, 다시 말해 행동을 촉발하는 감탄사를 만들어내는 힘에 있다.

좋은 리더는 전략을 설명하기 전에 먼저 움직임을 설계한다. 팀원들이 몰랐던 사실을 깨우치게 하고, 알고는 있었지만 깊이 생각하지 않았던 현실을 새롭게 바라보게 하며, '이렇게도 해볼 수 있겠구나'라는 관점의 전환을 만들어낸다. 그리고 그 전환은 대부분 거대한 프로젝트가 아니라, 지금 당장 실행할 수 있는 한 가지 행동으로 구체화한다.

그래서 뛰어난 리더는 팀원들이 현장에서 만들어낸 아주 작은 실행과 시도를 발견해 꺼내 놓는다. 아직 숫자로는 드러나지 않았

지만, 분명 의미 있는 움직임을 포착해 팀 앞에서 공유한다. 리더가 하는 일은 평가가 아니라 해석이다. '이 시도가 왜 중요했는지', '이 행동이 팀의 방향과 어떻게 맞닿아 있는지'를 짚어주며, 작은 실행에 의미를 부여한다.

그 순간, 한 사람의 시도는 개인의 행동을 넘어 팀의 기준이 된다. 이렇게 공유된 작은 실행은 빠르게 전염된다. '저 정도라면 나도 해볼 수 있겠다', '저 방식은 우리 고객에도 적용해 볼 수 있겠다'. 바로 이 지점에서 분위기가 바뀐다. 멈춰 있던 조직은 거대한 지시 없이도 다시 움직이기 시작한다.

누군가의 실행이 누군가의 용기가 되고, 그것이 팀의 속도로 연결되기 때문이다. 뛰어난 리더는 앞에서 끌고 가는 사람이 아니라, 뒤에서 불씨를 키워 확산시키는 사람이다. 조직을 다시 앞으로 나아가게 만드는 힘은 언제나, 팀 안에서 이미 시작된 작은 실행을 살려내는 리더십에서 나온다.

| 작은 실행이 팀을 깨우는 이유

영업 조직은 구조적으로 '전염성'을 가진 조직이다. 누군가의 실행은 즉시 다른 사람에게 영향을 미친다. 그 실행이 크든 작든 상관없다. 중요한 것은 '누군가 먼저 움직였다'라는 사실이다. 작은 실행이 강력한 이유는 세 가지다.

　　PART 3 반전 전략 _ 팀의 멈춘 심장을 다시 뛰게 하는 기술

첫째, 즉시 시작할 수 있다.

복잡한 준비가 필요하지 않기 때문에 지체 없이 움직일 수 있다. 불확실성과 무기력에 빠진 팀에게 '우리는 다시 움직이고 있다'라는 신호를 가장 빠르게 준다.

둘째, 심리적 장벽을 낮춘다.

실적이 떨어진 팀일수록 모든 행동이 무겁게 느껴진다. 하지만 작은 실행 하나는 '이 정도는 할 수 있다'라는 감각을 되살린다. 이 감각이 회복되는 순간, 팀의 에너지는 바뀌기 시작한다.

셋째, 다음 행동을 끌어낸다.

작은 실행은 단독으로 끝나지 않는다. 실행은 실행을 부른다. 작은 불씨가 팀 전체로 번지며 흐름을 만든다. 이것이 모멘텀의 시작이다. 그래서 성과가 다시 오르는 팀을 보면, 항상 '작은 실행 → 공유 → 확산'의 흐름이 먼저 살아난다.

| 작은 실행 하나가 흐름을 바꾼 실제 장면

실적이 떨어지던 한 영업팀의 이야기다. 회의실 분위기는 무거웠고, 질문은 없었고, 리더의 말만 길어졌다. 이 팀에서 리더가 처음 한 조치는 의외로 단순했다.

"오늘 각자 신규 고객 3명에게만 연락합시다. 결과 보고는 필요 없습니다."

딱 그 한마디였다. 3명이라는 숫자는 부담이 없었다. 누구나 오늘 안에 할 수 있는 행동이었다. 그날 성과는 크지 않았지만, 팀의 공기가 달라졌다. 몇몇 팀원이 고객 반응을 팀 카톡방에 올리기 시작했고, 다음 날은 자연스럽게 '어제 반응 괜찮았던 포인트' 이야기가 오갔다.

한 달 후, 이 팀의 신규 리드는 20% 이상 증가했다. 전략을 바꾼 것도, 제도를 손본 것도 아니었다. 작은 실행 하나가 팀의 리듬을 바꿨을 뿐이다.

| 작은 실행이 팀 전체를 깨우는 메커니즘

작은 실행은 혼자 있을 때보다 공유될 때 힘을 가진다. 그래서 작은 실행이 팀 전체를 깨우는 구조는 다음과 같다.

작은 실행 ➡ 즉시 공유 ➡ 빠른 판단
➡ 빠른 실행 ➡ 팀 전체 확산

여기서 핵심은 '잘 정리된 보고'가 아니다. 현장의 감각이 살아 있는 빠른 공유다. 성과가 나지 않는 팀들은 공통적으로 이렇게 말한다.

이 '정리의 시간'이 팀의 속도를 죽인다. 반대로 움직이는 팀은 정리보다 전달을 선택한다.

30초면 충분하다. 이 짧은 공유 하나가 팀 전체의 판단 기준을 맞춘다.

| 작은 실행을 설계하는 3단계

작은 실행도 아무렇게나 던지면 효과가 없다. 다음 세 단계를 지키면 실패 확률이 거의 없다.

1단계 '지금 당장 할 수 있는 것'으로 쪼갠다

문제가 클수록 실행은 더 작아져야 한다.

- 신규 고객 발굴 → 오늘 3명 연락
- 팀 소통 문제 → 하루 5분 피드백
- 실적 정체 → 핵심 상품 1개 집중

2단계 기준을 명확히 한다

얼마나, 누가, 언제까지.

이 세 가지가 빠지면 작은 실행도 흐지부지된다.

3단계 실행을 보이게 만든다

팀 카톡방 인증, 간단 공유, 즉각적인 칭찬.

보이지 않는 실행은 전염되지 않는다.

작은 실행이 쌓이면 팀은 이렇게 변한다.

작은 실행이 반복되고 공유되기 시작하면, 팀은 눈에 띄게 달라진다.

- 회의 시간이 짧아진다.
- 리더의 지시가 줄어든다.
- 팀원들이 먼저 움직인다.
- 실행의 속도가 빨라진다.
- 작은 성공이 쌓이며 모멘텀이 만들어진다.

결국 성과는 큰 전략의 결과가 아니라 작은 실행이 반복된 결과다. 팀이 멈춰 있을 때 리더가 던져야 할 질문은 이것이다.

"우리가 지금 당장 함께할 수 있는
가장 작은 실행은 무엇인가"

그 한 가지가 팀의 분위기를 바꾸고, 움직임을 만들고, 결국 성과까지 바꾼다. 작은 실행 하나가 팀 전체를 깨운다. 현장은 언제나 그 방식으로 움직여왔다.

 **오늘 바로 시작하는 팀장 액션 가이드**

"우리가 지금 당장 함께할 수 있는 가장 작은 실행은 무엇인가?" 그 한 가지가
팀의 분위기, 행동, 성과를 바꾼다.

18

지시가 없어도 동료가
동료를 자극하는 구조 설계법

유영만의 책 『전달자』에 따르면, 아무리 땀 흘리며 읽은 책이라 해도 그 땀방울이 실천과 시행착오로 이어지지 않으면 진짜 내 것이 되지는 않는다. 땀으로 읽는다는 것은 단순히 글자를 눈으로 훑는 일이 아니다. 책상 앞에 앉아 한 문장 한 문장을 곱씹고, 가슴을 울린 깨달음을 현장에서 직접 실행해 보는 과정까지 포함한다.

그렇게 몸을 움직여 체험한 순간들이 쌓일 때, 그 흔적은 내 안에서 언어로 정제되고 다시 다듬어져, 비로소 '읽기'는 '쓰기'로 완성된다. 읽기의 끝은 책 마지막 장을 덮는 순간이 아니라, 함께 읽은 사람들과 생각을 나누고, 느낀 바를 삶에 적용하며 기록하는 그 과정에 있다. 지식 생태학자 유영만의 전달력이 특별한 이유도 여기에 있다.

기술이나 스킬 이전에, 그가 흘린 땀과 삶의 경험이 자신만의 언어와 개념으로 응축되어 있기 때문이다. 성과가 다시 오르기 시작한 팀을 자세히 들여다보면, 이와 정확히 닮은 공통점이 하나 보인다. 팀장이 앞에서 혼자 끌고 가는 팀이 아니라, 팀원들 사이에서 에너지가 오가는 팀이라는 점이다.

초반에는 분명 팀장이 방향을 제시하고 목표를 설명하고, 분위기를 이끈다. 때로는 압박도 필요하다. 그러나 성과가 일정 수준에 도달한 이후에도 팀장이 계속 혼자 말하고, 혼자 독려하고, 혼자 긴장하고 있다면 그 팀은 오래 가지 못한다. 이유는 단순하다. 사람은 상사보다 동료의 영향을 더 자주, 더 깊게 받기 때문이다.

책에서 얻은 인사이트가 팀장 한 사람의 말로만 머물면, 그것은 아직 '읽힌 지식'에 불과하다. 하지만 팀원 각자가 그것을 자기 방식으로 실행해 보고, 시행착오를 공유하고, 서로의 경험을 언어로 주고받는 순간, 지식은 살아 움직이는 에너지가 된다. 그때부터 팀은 누가 시키지 않아도 서로를 자극하며 움직이기 시작한다.

그래서 비즈인싸 권태호의 영업력이란, 화려한 말솜씨나 개인기의 합이 아니다. 현장에서 흘린 땀을 실행으로 바꾸고, 그 실행의 경험을 팀 안에서 에너지로 순환시키는 힘이다. 읽은 것을 행동으로 옮기고, 행동한 것을 언어로 남기며, 그 언어가 다시 누군가의 실행을 부르는 구조. 바로 그 선순환을 만들어내는 능력이, 시간이 지나도 흔들리지 않는 진짜 영업력이다.

회의실에서 팀장이 한 시간 동안 이야기하는 말보다, 회의가 끝난 뒤 커피 한 잔 마시며 나누는 동료의 한마디가 행동을 바꾸는 경우가 훨씬 많다.

"요즘 솔직히 힘들지 않아?"
"이번 고객은 이렇게 접근해 보니까 반응이 좀 달라."
"나도 처음엔 안 됐는데, 이 포인트 바꾸니까 계약 나더라."

이런 말들이 오가는 팀은 살아 있다. 반대로, 팀장이 아무리 좋은 말을 해도 팀원끼리는 각자 모니터만 보고 있다면, 그 팀은 이미 멈춘 팀이다. 성과가 멈춘 팀에는 '동료 영향력'이 없다. 성과가 안 오르는 팀을 가만히 관찰하면 구조적인 특징이 있다.

- 모든 자극이 팀장에게서만 나온다.
- 피드백도 팀장이 한다.
- 기준도 팀장이 정한다.
- 동기부여도 팀장이 한다.
- 문제 제기도 팀장이 한다.

팀원들은 '듣는 사람'이고, '지시받는 사람'이며, '평가받는 사람'이다. 이 구조에서는 팀원이 서로에게 아무런 영향을 주지 않는다. 더 정확히 말하면, 영향을 주면 안 되는 분위기가 된다. 괜히 나섰다가 "유난 떤다"라는 소리를 들을까 봐, 괜히 조언했다가 "너나 잘해라"라는 반응을 받을까 봐, 팀원들은 점점 조용해진다.

그 순간부터 팀의 에너지는 팀장 한 사람에게만 집중된다. 그리고 팀장은 어느 날 이렇게 느끼게 된다.

"왜 나만 이렇게 애쓰는 것 같지?"

이 질문이 나오기 시작하면, 이미 구조는 무너진 상태다.

| 성과가 살아 있는 팀은 '동료 간 자극'이 일어난다

반대로 성과가 유지되는 팀을 보면 풍경이 다르다. 팀장이 말을 덜 해도 팀은 돌아간다. 회의 시간에 이런 장면이 자연스럽게 나온다.

- "이 부분은 ○○ 님 방식이 더 효과적이었던 것 같아요."
- "이번엔 다 같이 이 기준으로 맞춰보면 어떨까요?"
- "어제 ○○ 님 콜 듣고 저도 바로 적용해 봤어요."

중요한 건, 이 말들이 팀장의 허락 없이도 나온다는 점이다. 누군가를 평가하기 위해서가 아니라, 서로의 성과를 자연스럽게 참고하고, 흡수하고, 확산시키는 구조다. 이때 팀장은 앞에 서 있지 않다. 옆에 있다. 때로는 한 발 뒤에 있다. 그리고 속으로 이렇게 생각한다.

'아, 이제 이 팀은 내가 밀지 않아도 굴러간다.'

이 순간이 바로 성과가 '움직이기 시작한' 전환점이다.

| 동료 영향력은 '의도적으로 설계해야' 만들어진다

여기서 많은 팀장이 착각한다.

'우리 팀원들이 아직 성숙하지 않아서 그래.'
'사람만 바뀌면 가능할 텐데.'

아니다. 대부분의 경우 문제는 사람이 아니라 구조다. 동료가 동료에게 영향을 주는 팀은 우연히 만들어지지 않는다. 팀장이 의도적으로 판을 깔아줘야 한다. 핵심은 세 가지다.

첫째, 성과 공유의 주체를 팀장에게서 팀원으로 옮긴다.

성과 사례를 소개할 때 팀장이 대신 설명하지 않는다.
"이번 사례는 ○○ 님이 직접 이야기해 볼래요?"
이 한마디가 구조를 바꾼다.

둘째, 질문이 위가 아니라 옆으로 흐르게 만든다.

문제가 생겼을 때 팀장에게 바로 보고하게 만들지 않는다.
"이건 팀 내에서 먼저 의견을 모아보고 오세요."
그러면 팀원들은 서로 묻게 된다.
이 과정에서 영향력이 생긴다.

셋째, 비교가 아니라 '참고'가 되는 분위기를 만든다.

성과 좋은 사람을 앞세워 압박하지 않는다.

　　　　　　　PART 3 반전 전략 _ 팀의 멈춘 심장을 다시 뛰게 하는 기술

"왜 ○○처럼 못 해?"가 아니라,
"○○는 이렇게 했대. 참고해 보면 좋을 것 같아."
이 차이가 팀의 온도를 결정한다.

팀장은 '영향력의 독점자'가 되면 안 된다. 성과가 다시 떨어지는 팀의 공통된 함정이 있다. 팀장이 영향력을 너무 오래 독점한다는 점이다. 초반에는 필요하다. 방향을 잡고, 기준을 세우고, 리듬을 만들기 위해서는 강한 팀장의 역할이 필수다. 하지만 그 역할을 내려놓지 못하면, 팀은 팀장 없이 움직이지 못하는 조직이 된다. 성과가 유지되는 팀의 팀장은 이런 말을 한다.

"요즘은 내가 말 안 해도 애들끼리 알아서 하더라고요."

이 말이 나올 수 있다면, 그 팀은 이미 동료가 동료를 움직이는 구조를 갖춘 팀이다. 성과는 시스템에서 나오고, 시스템은 관계에서 나온다. 이 장에서 꼭 기억해야 할 문장이 있다. 성과는 개인의 의지가 아니라, 팀의 구조에서 나온다. 동료가 동료에게 영향을 주는 팀은 누군가 빠져도 무너지지 않고, 일시적으로 흔들려도 다시 회복한다.

팀장이 해야 할 일은 더 열심히 말하는 것이 아니다. 더 앞에서 끌어당기는 것도 아니다. 서로에게 말이 오가게 만들고, 서로의 행동이 기준이 되게 만들고, 서로의 성과가 자극되게 만드는 것.
그 구조를 만드는 순간, 팀은 다시 움직이기 시작한다.

 **오늘 바로 시작하는 팀장 액션 가이드**

"성과는 개인의 의지가 아니라 팀의 구조에서 나온다." 동료가 동료를 자극하고, 행동 기준이 되고, 성과를 확산시키는 구조를 만드는 순간, 팀은 스스로 움직이기 시작한다.

　　　　　　　　　PART 3 반전 전략 _ 팀의 멈춘 심장을 다시 뛰게 하는 기술

19

'작은 승리'를 설계하라
: 멈춘 팀을 다시 움직이는 마중물

우리는 숫자와 데이터만 들여다보는 존재가 아니다. 실제 현장에서 고객을 만나 그들의 고충을 듣고, 말로 다 드러나지 않는 맥락과 감정을 읽어 내며, 필요한 환경을 설계해 결국 실제 판매와 신뢰로 이어지게 만드는 능력 역시 중요하다. 물론 숫자와 지표를 정확히 읽을수록 시장과 고객을 바라보는 시야는 넓어진다.

그러나 보고서와 대시보드만 붙잡고 있다고 해서 고객의 선택

이유와 망설임, 관계의 온도까지 자연스럽게 이해하게 되는 것은 아니다. 영업 현장에는 숫자로 정리되기 이전의 현실이 존재하고, 그 현실은 반드시 '사람을 만나는 과정' 속에서만 드러난다. 팀이 멈췄을 때 리더들은 흔히 이렇게 생각한다.

'분위기가 좋아지면 다시 올라올 텐데', '조금만 버티면 성과가 반등할 거야'. 하지만 현실에서 분위기와 성과는 저절로 회복되지 않는다. 숫자도, 사기도 기다린다고 살아나지 않는다. 멈춘 팀이 다시 움직이기 시작하는 순간을 자세히 들여다보면 공통점이 있다. 그 출발점은 언제나 '작은 성공'이다.

여기서 말하는 작은 성공은 매출 목표 달성이나 대형 계약이 아니다. 그것들은 이미 팀이 움직이고 있을 때 따라오는 결과다. 진짜 작은 성공은 오늘 한 통의 전화, 다시 잡힌 한 번의 미팅, 고객의 반응을 확인하는 하나의 행동처럼 아주 사소한 실행에서 시작된다. 이 작은 실행이 숫자로 기록되고, 리더의 피드백을 통해 의미로 해석될 때, 팀은 다시 움직일 이유를 얻는다.

분위기는 그렇게 만들어진다. 사람을 이해하려는 시도, 현장에서 직접 움직이며 쌓은 경험, 그리고 작지만, 분명한 성공의 흔적들이 겹칠 때 팀의 에너지는 다시 흐르기 시작한다. 결국 팀을 살리는 힘은 거창한 전략이나 구호가 아니라, 사람을 읽고 상황을 해석하며 작은 행동을 성공으로 인식하게 만드는 구조에 있다.

숫자는 방향을 보여주지만, 팀을 실제로 움직이게 만드는 것은 사람이 체감하는 '해냈다'라는 감각이다. 이 감각이 살아나는 순간,

   PART 3 반전 전략 _ 팀의 멈춘 심장을 다시 뛰게 하는 기술

멈춰 있던 팀은 다시 속도를 얻고, 성과는 회복이 아니라 흐름으로 전환된다. 멈춘 팀에게 작은 성공이란, 다시 움직였다는 사실 자체다.

> - 처음으로 자발적 제안이 나왔다.
> - 회의에서 한 명이 먼저 손을 들었다.
> - 보고가 숫자만이 아니라 현장 맥락을 담기 시작했다.
> - 실패 사례가 숨겨지지 않고 공유됐다.

이런 변화들은 성과 지표에는 아직 찍히지 않는다. 하지만 팀의 에너지는 이 지점에서 방향을 바꾼다. 리더의 역할은 이 작은 변화를 기다리는 것이 아니라, 의도적으로 설계하는 것이다.

1. 멈춘 팀에는 '큰 목표'가 아니라 '첫 움직임'이 필요하다

성과가 떨어진 팀에 리더가 가장 많이 하는 실수는 목표를 더 크게, 더 강하게 던지는 것이다.

"이번 달은 반드시 반등해야 합니다."

"이제는 핑계 없습니다."

"각자 각오 단단히 하세요."

의도는 이해할 수 있다. 하지만, 이 말들은 멈춘 팀에게는 동기 부여가 아니라 압박 신호로 작동한다. 압박이 커질수록 팀은 더 조용해지고, 더 보수적으로 움직인다. 이때 필요한 건 목표 상향이 아니라 질문 전환이다.

"이번 달 얼마를 더 해야 하나?"가 아니라,
"이번 주, 단 하나라도 다시 움직이게 할 행동은 무엇인가?"

작은 성공 설계의 출발점은 항상 이 질문이다.

"지금 이 팀이 가장 낮은 부담으로 할 수 있는 첫 행동은 무엇인가"

2. 작은 성공은 '성과'가 아니라 '행동 변화'로 정의하라

많은 리더가 작은 성공을 말하면서도 속으로는 여전히 숫자 개선을 떠올린다. 그래서 설계가 실패한다. 작은 성공은 다음 세 가지 조건을 만족해야 한다.

❶ 성과가 아니라 행동이다.
❷ 한 번으로 끝나지 않고 반복할 수 있다.
❸ 팀원이 직접 체감할 수 있다.

예를 들어 한 IT 영업팀의 사례를 보자. 실적이 3개월 연속 하락하며 팀 전체가 위축돼 있었다. 리더는 매주 숫자 리뷰를 했지만, 분위기는 더 무거워졌다. 그래서 목표를 바꿨다.

   PART 3 반전 전략 _ 팀의 멈춘 심장을 다시 뛰게 하는 기술

"이번 주 목표는 계약이 아니다. 모든 팀원이 고객에게서
'하나의 새로운 정보'를 가져오는 것이다."

- 가격 반응
- 경쟁사 제안
- 의사결정 구조
- 내부 프로세스 변화

무엇이든 좋았다. 중요한 건 고객 앞에 다시 서는 행동이었다. 그 주 회의에서 숫자는 크게 변하지 않았다. 하지만 팀원들의 말이 달라졌다. 보고가 길어졌고, 질문이 나왔고, 서로의 이야기에 반응이 생겼다. 이게 첫 번째 작은 성공이었다. 성과가 아니라 움직임이 돌아왔다는 신호였다.

3. 작은 성공은 '리더가 통제할 수 있는 영역'에서 설계하라

작은 성공 설계에서 또 하나 중요한 원칙이 있다. 리더가 통제할 수 없는 영역에 기대지 말 것.

- 시장 상황
- 고객 예산
- 본사 정책

이런 요소들은 통제 불가다. 여기에 작은 성공을 걸면 팀은 다시 좌절한다. 반대로 리더가 설계해야 할 영역은 명확하다.

- 질문 방식
- 회의 구조
- 공유 기준
- 인정의 타이밍

한 금융권 영업팀에서는 '주간 회의에서 최소 1명은 성공이 아닌 시도를 공유한다'라는 규칙을 만들었다. 성과가 아니라 시도를 기준으로 삼은 것이다. 처음에는 어색했다. 하지만 리더는 그 한 명에게 이렇게 말했다.

"이 시도가 없었다면, 다음 선택도 없었을 겁니다."

그 말이 반복되자 팀원들의 기준이 바뀌었다. '완성된 결과만 가져와야 한다'라는 부담이 줄었고, 대신 '움직이면 의미가 있다'라는 인식이 생겼다. 이 역시 작은 성공이다. 리더가 설계한 인정 기준의 변화가 만든 결과다.

    PART 3 반전 전략 _ 팀의 멈춘 심장을 다시 뛰게 하는 기술

4. 작은 성공은 반드시 '공개적으로 칭찬'하라

작은 성공은 그냥 두면 사라진다. 그래서 리더의 마지막 역할이 중요하다. 작은 성공을 '기억으로 남기는 것'이다.

> • 회의에서 다시 언급한다.
> • 팀 채널에 기록으로 남긴다.
> • 이름을 붙인다.

"지난주 ○○ 사례처럼", "그때 우리가 이렇게 바꿨을 때"와 같은 반복이 있어야 작은 성공은 '우연한 한 번'이 아니라 '우리 팀의 방식'으로 굳어진다. 성과가 다시 오르는 팀은 갑자기 잘된 팀이 아니다. 작은 성공을 놓치지 않고, 그걸 계속 재현해 온 팀이다.

5. 작은 성공이 쌓이면 리더의 역할이 바뀐다

작은 성공이 한두 번 반복되면 리더는 더 이상 밀어붙이지 않아도 된다. 팀이 스스로 움직이기 시작하기 때문이다. 이 시점부터 리더의 역할은 지시자가 아니라 설계자, 감시자가 아니라 환경 관리자로 바뀐다. 팀을 다시 움직이게 만드는 건 카리스마도, 강한 메시지도 아니다.

리더가 의도적으로 설계한 첫 번째 작은 성공이다. 팀이 멈췄다면 묻자.

"지금 우리 팀에 필요한 건 큰 성과인가,

아니면 다시 움직이게 할 단 하나의 성공인가? "

답은 대부분 후자다. 그리고 그 설계는, 항상 리더의 몫이다.

다음 장에서는 이렇게 만들어진 작은 성공들이 어떻게 습관이
되고 성과가 유지되는 구조로 이어지는지를 다루겠다.

오늘 바로 시작하는 팀장 액션 가이드

**"지금 우리 팀에 필요한 건 큰 성과인가, 아니면 다시 움직이게 할 단 하나의
성공인가?"** 답은 대부분 후자이며, 설계는 리더의 몫이다.

    PART 3 반전 전략 _ 팀의 멈춘 심장을 다시 뛰게 하는 기술

PART 4

목표를
성과로 바꾸는
리더의 디테일

20

결과가 아닌 '모멘텀'을 관리하는
영리한 팀장

팀이 잘나가던 시기에는 특별한 지시가 없어도 움직임이 이어진다. 누가 시키지 않아도 전화가 돌고, 미팅이 잡히고, 작은 성과가 다음 행동으로 자연스럽게 연결된다. 반대로 팀이 정체되기 시작하면 가장 먼저 사라지는 것은 매출이 아니라 '움직임'이다. 보고는 늘어나지만, 행동은 줄고, 회의는 길어지지만, 실행은 늦어진다.

이때 리더의 시선이 숫자와 원인에만 머무는 순간, 팀의 흐름은 더 빠르게 멈춘다. 영업 실적이 떨어지는 순간, 대부분의 팀은 이렇게 반응한다.

'왜 떨어졌지?'
'어디가 문제였을까?'

하지만 실적 하락 구간에서 가장 위험한 선택은 원인 분석에만 매달리는 것이다. 이 시기의 진짜 문제는 이유가 아니라 멈춰버린 흐름이다. 실적 하락은 팀의 능력이 떨어졌다는 신호가 아니라, 팀의 모멘텀이 꺼졌다는 신호에 가깝다. 이 장에서 말하는 모멘텀은 의욕이나 분위기가 아니다.

숫자가 오르기 직전에 반드시 나타나는 행동의 속도, 실행의 리듬, 팀 전체의 동시 움직임이다. 성과는 목표를 세운다고 바로 오르지 않는다. 그러나 모멘텀이 살아나면 성과는 반드시 따라온다. 그래서 이 시기의 팀장은 목표 관리자가 아니라 모멘텀 관리자가 되어야 한다.

실적 바닥을 찍고 다시 올라가는 팀들을 관찰하면 공통점이 있다. 이들은 복잡한 전략부터 손대지 않는다. 대신 지금 당장 팀이 다시 움직이게 만드는 행동부터 관리한다. 다음 7가지는 그런 팀장들이 공통적으로 실행하는 모멘텀 관리 행동이다.

1. 숫자보다 '흐름'을 먼저 본다

실적이 떨어졌을 때 매출표부터 들여다보면 대응이 늦어진다. 모멘텀을 관리하는 팀장은 숫자 이전에 흐름이 꺾인 지점을 찾는다. 이를 위해 반드시 세 가지를 먼저 점검한다.

> • 활동량 변화 : 방문, 콜, 제안서 제출이 언제부터 줄었는가.
> • 고객 반응 변화 : 응답 속도, 관심도, 미팅 전환율이 달라졌는가.
> • 팀 내부 리듬 : 회의 분위기, 공유 빈도, 팀 에너지에 변화가 있었는가.

    PART 4 행동 변화 _ 목표를 성과로 바꾸는 리더의 디테일

이 흐름이 보이면 '문제의 크기'를 과장하지 않게 된다. 모멘텀 관리의 핵심은 문제를 키우지 않는 것이다. 흐름을 읽는 순간, 팀장은 불필요한 전략 변경 대신 정확한 속도 조절을 할 수 있다.

2. 팀의 '즉시 실행 지표'를 다시 세운다

하락기에는 중장기 KPI보다 지금 당장 움직였는지 아닌지가 중요하다. 모멘텀을 살리는 팀장은 성과 지표 대신 즉시 실행 지표를 관리한다.

> • 하루 방문 3건
> • 제안서 1건 발송
> • 신규 고객 1명 리스트업
> • 기존 고객 2명 접촉

중요한 것은 이 행동들이 작아 보여도 팀 전체가 동시에 움직이는 효과가 있다. 모멘텀은 개인의 분투가 아니라 집단의 동시 실행에서 만들어진다. 이 지표가 살아나는 순간, 팀의 정체된 공기가 바뀌기 시작한다. 모멘텀을 살리는 팀장의 역할은 행동을 '지시'하는 데서 끝나지 않는다. 더 중요한 것은 팀원이 스스로 판단하고 움직이게 만드는 구조를 여는 것이다.

정흥수 대표의 『설득자』에는 이 지점을 정확히 짚는 리더십 사례가 나온다. 성과가 정체된 한 조직에서 그는 새로운 전략이나 목표를 제시하지 않았다. 대신 팀원들에게 단 하나의 질문을 던졌다.

"지금 이 상황에서, 당신이 스스로 결정할 수 있는 것은 무엇입니까?"

이 질문은 팀의 공기를 바꿨다. 지시를 기다리던 팀원들은 처음으로 판단의 주체가 되었고, 각자 선택한 작은 실행을 바로 시작했다. 리더는 결과를 통제하지 않았다. 대신 실행을 공유하게 했고, 시도 자체를 존중했다. 흥미로운 점은 성과가 개선되기까지의 시간보다, 팀의 분위기가 회복되는 속도가 훨씬 빨랐다는 것이다.

회의에서 말수가 늘었고, 실행 보고가 자연스럽게 오갔다. 전략은 위에서 내려온 것이 아니라, 현장에서 만들어지고 보완됐다.

이 사례는 모멘텀 관리의 본질을 보여준다. 사람은 지시에 의해 오래 움직이지 않는다. 하지만 판단할 수 있는 권한을 얻는 순간, 행동은 즉시 시작된다.

즉시 실행 지표가 효과를 발휘하려면, 그 지표를 '시켜서 하는 일'이 아니라 '스스로 선택한 행동'으로 인식하게 만들어야 한다. 모멘텀을 관리하는 팀장은 답을 주는 사람이 아니라, 행동을 끌어내는 질문을 던지는 사람이다.

3. 가장 가까운 고객부터 다시 연결한다

실적이 떨어지면 팀은 본능적으로 새로운 고객을 찾으려 한다. 그러나 모멘텀 관점에서 보면 가장 빠른 회복 포인트는 이미 연결돼 있던 고객이다. 우선순위는 분명하다.

PART 4 행동 변화 _ 목표를 성과로 바꾸는 리더의 디테일

❶ 최근 3개월 이내 구매 고객
❷ 견적·제안 검토 중이던 고객
❸ 구매가 잠시 멈춘 고객
❹ 오래된 고객 점검

"요즘 시장 상황에서 고객사에
도움 될 수 있는 부분이 있어 연락드렸습니다."

이 짧은 메시지 하나가 팀에게는 첫 번째 작은 반응을 만들어준다. 이 반응이 바로 모멘텀의 시동이다.

4. 팀 전체에 '가시성'을 만든다

모멘텀이 꺼질 때 가장 먼저 나타나는 현상은 보이지 않는 것이다. 누가 무엇을 하고 있는지 보이지 않기 시작하면 팀은 더 느려진다. 그래서 하락기에는 가시성을 강제로라도 만들어야 한다.

· 모든 팀원의 핵심 행동을 1줄로 공유
· 이번 주 우선순위 3가지는 공용 채널 상단 고정
· 리더는 하루 1회 진행 상황을 확인하고 즉시 피드백

가시성이 확보되면 팀은 스스로 정렬되기 시작한다. 모멘텀 관리자는 팀을 몰아붙이지 않는다. 보이게 만들어 스스로 움직이게 한다.

5. '큰 전략' 대신 리더의 미세 개입을 늘린다

하락기에는 큰 전략 수정이 오히려 팀을 더 흔든다. 이 시기에 효과적인 것은 리더의 잦은 미세 개입이다.

- 고객별 프로모션 문구 수정
- 제안서 목차 재정렬
- 방문 목적을 하나로 압축
- 고객 메시지 첫 문장 변경

이런 작은 조정은 팀에게 강력한 신호를 준다.

"지금 방향은 맞다. 조금만 조정하면 된다." 이 확신이 팀의 모멘텀을 지켜준다.

6. 피드백 사이클을 평소보다 더 빠르게 만든다

실적이 떨어질수록 많은 팀이 피드백을 늦춘다. 그러나 모멘텀을 관리하는 팀장은 반대로 움직인다.

- 실행 후 24시간 내 피드백
- 문제 발견 후 48시간 내 해결 방향 제시
- 성공 사례는 즉시 팀에 공유

   PART 4 행동 변화 _ 목표를 성과로 바꾸는 리더의 디테일

빠른 피드백은 실행을 다시 움직이게 하는 재점화 버튼이다. 실행 → 개선 → 공유가 빠르게 돌기 시작하면 팀의 속도는 눈에 띄게 달라진다.

7. 모두가 '한 가지 행동'에만 집중하게 한다

하락기에는 선택지를 줄이는 것이 리더십이다. 이 시기의 팀장에게 필요한 말은 이것이다.

"이번 주는 이것 하나만 확실히 올립니다."

- **방문 고객 수 집중 주간**
- **데일리 공유 루틴 강화 주간**
- **위클리 성공 사례 공유 주간**

팀 전체가 한 방향으로 움직이면 모멘텀은 급격히 살아난다. 집중은 에너지를 분산시키지 않는다. 에너지를 모은다. 실적이 떨어졌다는 것은 팀이 잠시 리듬을 잃었다는 뜻이지, 능력이 사라졌다는 뜻은 아니다. 하락기일수록 필요한 것은 분석이 아니라 즉시 실행, 전략이 아니라 속도 회복, 개인 역량이 아니라 팀의 동시 움직임이다.

이 장에서 말한 7가지는 특별한 전략이 아니다. 지금 당장 실행할 수 있는 모멘텀 관리 행동이다. 그리고 이 단순한 행동의 누적이 팀의 반등 지점을 만든다.

다음 장에서는 이 모멘텀을 유지하기 위해, 팀장이 어떤 언어와 메시지로 팀의 방향을 다시 세워야 하는지를 다룬다.

 **오늘 바로 시작하는 팀장 액션 가이드**

속도는 행동에서 나오지만, 방향은 팀장의 언어에서 시작된다.

PART 4 행동 변화 _ 목표를 성과로 바꾸는 리더의 디테일

21

"시장이 최악"이라는 팀원에게
고수가 건네는 말

조직 심리학에서 리더의 언어는 단순한 공감의 도구가 아니라, 팀의 인식과 행동을 설계하는 결정적 신호로 작동한다. 리더가 어떤 말을 반복하고, 어떤 상황에서 어떤 어조로 반응하는지는 곧 팀이 현실을 해석하는 기준이 된다. 그래서 리더의 말에는 개인의 성향을 넘어, 그가 축적해 온 경험과 판단, 그리고 조직을 이끌어 온 방식이 고스란히 담긴다.

말은 생각의 표현이 아니라, 팀의 행동을 규정하는 구조다. 영업팀이 시장 상황이 어렵다고 불평할 때, 많은 리더는 "어쩔 수 없다", "다들 힘들다"라는 공감을 먼저 건넨다. 물론 공감은 필요하다. 그러나 그 말이 반복되는 순간, 팀의 시선은 문제 해결이 아니라 상황 설명에 머문다.

공감은 팀을 위로할 수는 있어도, 다시 움직이게 하지는 못한다. 어려운 시장에서 팀을 다시 전진시키는 힘은 위로가 아니라, 방향을 명확히 하고 속도를 되살리는 리더의 말 한마디에서 나온다. 팀원들은 리더의 말을 듣는 것이 아니라, 그 말이 만들어낸 기준에 따라 움직인다.

결국 리더의 말 한마디는 분위기를 조율하는 수준을 넘어, 팀의 실행 리듬과 행동 속도를 결정한다. 이번 장에서는 팀이 어려움에 머무르지 않고, 즉시 실행으로 돌아가게 만드는 리더의 언어 전략을 구체적으로 정리한다.

1. 공감은 짧게, 초점은 실행에 맞춘다

팀원의 어려움에 공감은 필요하지만, 길게 공감하면 팀 에너지가 정체된다.

- "맞아, 요즘 정말 어렵지. 우리 모두 힘든 시기야." (X)
- "시장 어렵지만, 지금 우리가 할 수 있는 행동 3가지만 집중하자." (O)
- 핵심은 공감 ➡ 확인 ➡ 즉시 행동으로 연결.

2. 문제 중심이 아닌 해결 중심의 언어

팀이 "시장 경쟁이 너무 치열해요", "고객 반응이 없어요"라고 할 때, 리더는 문제를 반복하지 말고, 다음 행동으로 초점을 돌려야 한다.

- 문제 언어 : "이번 달 실적 힘들겠네."

- 해결 언어 : "이번 주는 고객 3곳에 다시 접촉하고, 필요한 지원은 내가 도울게."

팀은 문제보다 행동 가능성에 반응한다. 실적 하락 시, 말보다 행동이 속도를 만든다.

3. 소규모 성공 경험을 강조하라

어려운 시장에서는 팀이 '작은 성과'도 쉽게 놓친다. 리더가 작은 성공 사례를 즉시 공유하면 팀 에너지와 자신감이 살아난다.

> **ex** "지난주 잠정 고객 5명 중 2명이 다시 계약 가능성을 열었어요. 우리 팀이 움직이면 시장도 반응합니다."
>
> 핵심 : 작은 성공을 팀 전체의 이야기로 만들어 실행 의지를 자극한다.

4. 행동 언어로 '속도'를 명확히 지시

시장이 어렵다는 불평이 나오면, 팀은 행동을 늦추는 경향이 있다. 리더는 말로 속도를 만들어야 한다. 예를 들어보자.

> 1) "오늘 중으로 A 고객에게 재접촉. 문제 있으면 즉시 보고."
> 2) "이번 주 목표 : 신규 제안 3건 완료. 완료되면 바로 공유."
>
> 핵심: 누가, 무엇을, 언제까지 실행할지 구체적으로 말한다.

5. 두려움보다 자신감 언어를 사용

시장의 어려움은 두려움과 불안으로 팀을 경직시킨다. 리더는 팀의 심리적 안전망을 먼저 만들어야 한다.

> **잘못하면 실수하더라도 문제는 팀이 함께 해결한다는 신호를 준다.**
>
> **ex** "결과가 완벽하지 않아도 먼저 행동하세요. 우리가 함께 조정할 수 있습니다."
>
> 핵심 : 행동＋책임＋지원이 동시에 느껴지도록 말한다.

6. 반복·일관성 있는 메시지

한 번 말하는 것보다, 반복적으로 같은 메시지를 전달하는 것이 중요하다. 속도와 방향이 불분명하면 팀은 다시 멈춘다.

•실행 중심 메시지 반복 예시

> • "오늘 3건 재접촉 ➡ 보고"
> • "작은 성공 공유 ➡ 팀 전체 회의에서 피드백"
> • "빠른 피드백 ➡ 개선 실행"

반복은 팀 행동 패턴을 만들고, 어려운 시장에서도 속도를 유지하게 한다.

7. 리더의 말로 팀 문화를 강화한다

시장이 어렵다는 상황 속에서도, 리더가 하는 언어 선택은 팀 문화에 직접 영향을 준다.

· 문제만 말하면 팀도 문제만 바라본다.
· 해결·행동 중심 언어는 자율과 실행이 자연스럽게 돌아가는 문화를 만든다.
· 결국, 팀원들은 리더의 말투와 언어를 보고 속도를 배우고 반복한다.

시장이 어렵다고 느껴질 때, 팀이 멈추는 이유는 공감과 분석만으로 끝나는 리더의 언어 때문이다. 속도를 만드는 리더는 짧고 명확하게 **공감 ➡ 행동 ➡ 지시 ➡ 피드백 연결 ➡ 작은 성공** 강조를 반복한다. 이 언어 패턴이 습관화될 때, 팀은 시장 난이도와 상관없이 자연스럽게 움직이며 성과를 만들어낸다.

공감은 필요하지만, 머무르지 말고, 즉시 실행으로 연결해야 한다. 문제보다 행동을 말하고, 작은 성공을 반복적으로 강조하라. 구체적인 지시와 일관된 메시지는 팀을 다시 움직이게 만든다. 결국 성과는 전략보다, 리더가 매일 반복하는 언어에서 시작된다.

다음 장에서는 고객·영업사원·리더를 동시에 움직이는 구조를 만들어 팀 전체를 한 번에 회복시키는 방법을 다룬다.

 ## 오늘 바로 시작하는 팀장 액션 가이드

공감은 필요하지만, 머무르지 않고 즉시 실행으로 연결한다. 문제보다 행동을 강조하고, 작은 성공을 반복적으로 공유한다. 구체적 지시와 일관된 메시지가 팀을 다시 움직이게 한다. 성과는 전략보다 리더의 매일 반복하는 언어에서 시작한다.

PART 4 행동 변화 _ 목표를 성과로 바꾸는 리더의 디테일

22

고객과 사원, 리더가 동시에 윈-윈(Win-Win)하는 공식

영업팀이 성과를 내기 위해서는 단순히 '개별 영업사원만 더 열심히 뛰는 구조'로는 분명한 한계가 있다. 아무리 뛰어난 개인이 있어도, 고객은 제각각 반응하고 리더의 방향은 불분명한 상태라면 속도와 힘은 필연적으로 분산된다. 이 구조에서는 노력 대비 성과가 나오지 않고, 팀은 쉽게 지치게 된다.

성과가 빠르게 회복되는 영업팀은 다르다. 이 팀들은 개인의 의지에 성과를 맡기지 않는다. 대신 고객, 영업사원, 리더라는 세 축이 동시에 움직이는 구조를 갖추고 있다. 각 축이 따로 움직이는 것이 아니라, 같은 방향을 바라보며 서로를 자극하고 가속시키는 구조다. 여기서 리더의 역할은 결정적이다.

리더는 지식을 전달하는 사람이 아니라, 팀이 움직이고 싶어지는 환경과 리듬을 설계하는 사람이다. 성과는 관리로 만들어지지 않는다. 감동과 확신을 느낀 팀원들이 스스로 행동할 때 비로소 만들어진다. 이 구조에서 세 축은 다음과 같이 작동한다.

첫째, 고객이다. 성과 회복의 출발점은 고객의 반응 속도와 참여도다.

고객이 질문하고, 비교하고, 반응하기 시작할수록 영업사원의 행동은 실적과 직접적으로 연결된다. 좋은 팀은 고객을 설득의 대상이 아니라 함께 움직이게 만드는 파트너로 인식한다. 둘째, 영업사원이다. 영업성과는 역량보다 행동의 속도에서 갈린다.

재접촉, 제안서 발송, 후속 메시지 하나까지 얼마나 빠르게 실행하느냐가 곧 성과의 속도다. 감동받은 영업사원은 머뭇거리지 않는다. "이건 해볼 만하다"라는 확신이 행동을 앞당긴다.

셋째, 리더다. 리더는 앞에서 끌어당기는 사람이 아니라 뒤에서 밀어주는 구조를 만드는 사람이다.

     PART 4 행동 변화 _ 목표를 성과로 바꾸는 리더의 디테일

방향을 명확히 제시하고, 팀의 실행을 가로막는 장애물을 제거하며, 적시에 피드백을 주어 전체 팀의 속도를 유지한다. 이때 리더의 말과 태도는 단순한 지시가 아니라 팀이 다시 움직이게 만드는 신호가 된다.

결국 성과 회복의 본질은 개인의 각성이 아니다. 세 축이 동시에 감동하고, 동시에 움직이는 구조다. 이 장에서는 바로 이 구조를 어떻게 설계하고, 어떤 원칙으로 유지해야 하는지를 구체적으로 정리할 것이다. 영업은 개인전처럼 보이지만, 성과는 언제나 구조의 결과다.

그리고 그 구조의 중심에는 언제나 리더가 있다.

세 축이 동시에 움직이면, 단순한 활동량 증가가 아닌 지속적 성과 흐름이 만들어진다.

1. 고객과의 속도 맞추기

- 고객의 행동과 반응이 팀 속도에 직접 영향을 준다.
- 빠른 응답을 받기 위해서는 고객 접점마다 명확한 행동 요청이 필요하다.

실행 방법

- 제안서 전달 후 24시간 내 확인 전화
- 상담 후 48시간 내 피드백
- 재접촉 일정 공유 ➡ 팀과 리더 모두 확인

여기서 핵심은 고객 행동이 예측 가능해지면 영업사원도 바로 움직이고, 리더는 지원과 조정에 집중할 수 있다는 것이다. 제약 회사 영업을 하던 시절, 피부과를 담당한 적이 있다. 당시 나의 영업 태도와 마인드를 높게 평가해 주신 오라클 피부과 김보중 원장님께서는, 단순히 계약만을 보는 것이 아니라, 영업 담당자들의 장기적 신뢰와 관계까지 신경 써주셨다.

원장님은 "우리 병원에 오는 영업 담당자 또한 얼굴과 피부 관리를 잘해야 한다"라며, 정기적으로 무료 피부 관리를 제공해 주셨다. 덕분에 지금까지도 건강한 피부를 유지하고 있으며, 당시 쌓은 신뢰 덕에 지금도 아내와 함께 원장님을 찾아뵙고, 병원 행사나 회식 자리에 초대받는다.

이 경험은 단순한 '혜택'이나 '우호적 대우'를 넘어, 고객과 장기적으로 신뢰를 쌓는 영업 구조의 핵심 원리를 보여준다. 고객과의 관계가 단단하게 형성될 때, 영업사원은 행동에 자신감을 느끼게 되고, 팀 내 실행 속도와 성과 회복에도 긍정적 영향을 준다. 즉, 고객 행동이 예측할 수 있고 신뢰가 기반이 될 때, 팀과 리더 역시 적극적으로 지원하고 조정할 수 있는 구조가 만들어진다.

2. 영업사원을 움직이는 구조

영업사원에게 단순히 지시하는 방식은 효과가 떨어진다. 성과를 내는 팀은 구조적 실행 루틴과 투명한 피드백으로 스스로 움직이게 만든다.

실제 현장에서는 3H 지압 침대 영업 총괄 김영록 이사님이 전국 지점과 채널 사장님들을 관리하며 보여주신 사례가 있다. 3H 지압 침대는 인체 공학적 설계와 첨단 지압 기술이 결합한 프리미엄 침대 브랜드로, 고객의 체형과 건강 상태를 고려한 맞춤형 솔루션을 제공한다. 전국 다양한 지역 지점과 채널을 통해 판매되며, 영업 조직의 성과가 곧 지역별 경쟁력으로 직결되는 구조로 되어 있다.

3H 지압 침대의 김영록 영업이사님은 대전·충청·광주·호남 전역을 담당하며, 지역 사장님들을 직접 관리하고 지원하는 리더이다. 특히 자신의 사비를 활용해 지역 사장님들에게 책을 선물하

거나 교육 및 강의를 지원하며, 단순히 목표를 밀어붙이는 것이 아니라 팀과 지점이 스스로 성장하도록 동기를 부여한다.

이사님의 특징적인 리더십은 다음과 같다.

❶ **자율을 존중하는 지원** : 목표와 방향은 제시하되, 각 지역 지점이 스스로 전략을 세우고 실행할 수 있도록 격려한다.

❷ **에너지와 열정 나눔** : 본인의 시간과 자원을 투자하여 팀원들에게 동기와 지식을 전달함으로써, '열정의 복제 효과'를 만들어낸다.

❸ **성과 연결 구조 설계** : 작은 성공 사례와 경험을 공유하여, 지역별 실행력을 높이고 전체 지점 경쟁력을 강화한다.

결과적으로, 김영록 이사님의 리더십과 실행 중심 지원은 단순히 지시를 따르는 조직이 아니라, 팀원과 지점 스스로 움직이며 성과를 창출하는 문화를 만들었고, 그 결과 전국 1등 지점으로 성장할 수 있었다.

실행 방법

- 데일리 1줄 리포트: 오늘 한 행동 / 결과 / 필요 지원
- 즉시 피드백 루틴: 리더는 실행 후 24시간 내 조언 제공
- 작은 성과 공유: 성공 사례를 전 팀과 공유 ➡ 동기부여

　결과적으로 영업사원은 혼자 고민하지 않고, 팀과 리더의 지원 속에서 바로 실행한다.

3. 리더를 움직이는 구조

　리더는 전체 속도를 결정하는 조정자다. 팀원과 고객 행동이 동시에 흐르게 하려면, 리더도 구조 안에서 움직여야 한다.

실행 방법

- 팀의 핵심 지표를 실시간 확인 ➡ 장애 요소 즉시 제거
- 주간/월간 리뷰보다, 하루 단위 피드백과 조정
- 팀원별 지원 필요 사항을 정리 ➡ 바로 실행

　리더가 구조 안에서 계속 움직이면 팀 전체가 느려지지 않고 속도를 유지할 수 있다.

4. 구조 설계 원칙

❶ 투명성 : 고객, 영업사원, 리더의 행동과 결과가 모두 보이도록 한다.

❷ 즉시성 : 행동 후 24시간 내 피드백, 조정, 재실행이 가능해야 한다.

❸ 단순화 : 구조가 복잡하면 실행이 늦어진다. 핵심 행동 3~5가지로 제한

❹ 책임 소재 명확화: 누가 무엇을 언제까지 하는지 명확히 한다.

❺ 반복 루틴화 : 구조는 한 번 설계로 끝나는 것이 아니라 반복과 습관화가 중요하다.

5. 실행 루틴 예시

- **Daily Report**

  사원 ➡ 1줄 리포트 (실행/결과/지원 요청)

  리더 ➡ 24시간 내 피드백, 장애물 제거

- **Weekly Report**

  팀 전체 회의 ➡ 작은 성과 공유, 다음 주 우선순위 재조정

- **Monthly Report**

  고객 반응 분석 ➡ 구조 조정, 우선순위 변경

이 루틴을 따르면, 팀, 고객, 리더가 동시에 움직이며 속도와 집중력이 자연스럽게 만들어진다.

6. 빠른 체크리스트 – 지금 바로 구조 만들기

❶ 팀의 핵심 실행 3~5가지 정의

❷ 데일리/주간/월간 루틴 만들기

❸ 행동 ➡ 결과 ➡ 피드백 흐름을 채널로 연결

❹ 고객 접점별 명확한 행동 지시

❺ 리더 피드백 루틴 실행

고객, 영업사원, 리더가 따로 움직이면 속도는 느려지고, 성과 회복도 늦어진다. 하지만 모든 축이 구조 안에서 동시에 움직이면, 시장 환경이 어려워도 팀은 자연스럽게 성과를 회복한다. 중요한 것은 복잡한 전략이 아니라 단순, 명확, 반복되는 구조와 루틴이다.

다음 장에서는 이 구조를 실행 중심 코칭과 연결해 팀이 빠르게 회복하도록 만드는 방법을 다룬다.

오늘 바로 시작하는 팀장 액션 가이드

고객, 영업사원, 리더가 각자 따로 움직이면 성과 회복 느림 ➡ 단순 · 명확 · 반복 구조를 통해 세 축이 동시에 움직이면 시장이 어려워도 팀 속도와 성과 회복 가능

23

죽어가는 현장을 살리는
'실행 밀착형' 코칭

이 시대의 진정한 리더는 관리자가 아니라 '코치'다.

나는 이 말을 로지텍코리아 조민기 전무님을 통해 몸으로 이해하게 되었다. 전무님은 나만의 리더도, 특정 개인의 상사도 아니며 우리 모두의 리더다. 조민기 전무님의 리더십은 지시나 통제에

PART 4 행동 변화 _ 목표를 성과로 바꾸는 리더의 디테일

서 출발하지 않는다. 성과를 압박하거나 숫자로 사람을 재단하지 않는다.

대신 사람을 먼저 보고, 관계를 먼저 설계한다. 팀을 '관리해야 할 대상'이 아니라, 함께 성장해야 할 공동체로 바라본다. 전무님과 함께하며 가장 인상 깊었던 점은 누군가의 실수를 붙잡고 문제를 키우는 방식이 아니라, 그 사람 안에 이미 존재하는 강점과 가능성을 발견해 다시 현장으로 돌려보내는 태도였다.

잔소리보다 질문이 많았고, 지적보다 신뢰가 앞섰다. 그래서 팀원들은 눈치를 보기보다 스스로 움직였고, 지시를 기다리기보다 먼저 시도했다. 코치형 리더는 답을 주지 않는다. 대신 답을 찾게 만든다.

조민기 전무님은 언제나 "왜 못 했는가?"보다 "지금 막히는 게 무엇인가?", "내가 바로 도와줄 수 있는 건 무엇인가"를 먼저 묻는 리더다.

그 질문 하나가 팀의 방향을 바꾸고, 사람의 태도를 바꾸고, 결국 성과의 흐름을 바꿨다. 이런 리더십 아래에서는 단점을 고치려 애쓰는 조직이 아니라, 강점을 키워 성과로 연결하는 조직이 만들어진다. 평가와 통제 대신 신뢰와 피드백이 오가고, 관리와 보고 대신 실행과 학습이 반복된다.

사람은 감시받을 때 움직이지 않는다. 믿음 받을 때 움직인다. 조민기 전무님은 늘 말보다 행동으로 리더십을 보여주시는 분이다. 앞에서 끌고 가기보다, 옆에서 함께 뛰며 방향을 맞추는 리더.

그래서 팀원들은 '이 조직에서 일한다'가 아니라 '이 팀의 일부로 성장하고 있다'라는 감각을 가질 수 있는 것이다.

결국 코치형 리더십의 본질은 기술이 아니다. 사람을 대하는 태도이며, 가능성을 바라보는 관점이다. 사람이 스스로 움직이기 시작하는 순간, 조직은 관리의 대상이 아니라 성장의 주체가 된다. 로지텍코리아 조민기 전무님은 이 시대가 요구하는 리더가 어떤 모습이어야 하는지를 말이 아니라 삶과 태도로 증명해 온 리더다. 그래서 그는 '나의 리더'가 아니라 우리 모두의 리더로 앞으로도 기억될 것이다.

영업팀이 실적 하락이나 침체기에 들어서면, 가장 먼저 늘어나는 것은 분석이다. 회의실에서는 숫자가 늘어나고, 원인에 대한 해석은 길어진다. "왜 안 될까?", "시장이 문제다", "요즘 고객이 다르다"라는 말이 반복된다. 하지만 이상하게도, 회의가 끝난 뒤 팀의 움직임은 더 느려진다.

이때 필요한 것은 더 정교한 분석도, 더 강한 동기부여도 아니다. 회복기에는 실행 중심 코칭이 필요하다. 코칭이 설명과 해석에 머무는 순간, 팀의 속도는 떨어진다. 반대로 코칭이 행동과 바로 연결될 때, 팀은 다시 움직이기 시작한다.

과거 푸르넷과 함께한 경험이 생각난다.

당시 푸르넷은 주력 교육사업을 전국 지점에 전파하고 영업 현장에 실제 도움이 되도록 설계하는 데 매우 힘쓰고 있었다. 부사장님께서는 나의 첫 책 『거절에 대처하는 영업자의 대화법』(갈라북스) 을 직접 읽고, 좋다고 평가해 주셨으며, 전국 지점장들이 모인 자리에서 책을 추천해 주셨다. 그 결과 전국을 돌며 각 지점에서 강의를 진행할 수 있었고, 팀마다 상황에 맞춘 실행 중심 코칭을 적용하는 현장을 직접 경험할 수 있었다.

특히 인상적이었던 점은, 부사장님 본인이 사비를 아끼지 않고 지점장들에게 책과 교육 자료를 제공하면서, '현장에서 바로 적용하라'는 메시지를 행동으로 보여주셨다는 것이다.

이 사례에서 알 수 있듯이, 리더의 실제 행동과 지원이 팀의 실행력과 동기부여에 직결된다. 책과 강의는 단순한 지식 전달이 아니라, 팀이 스스로 행동하게 만드는 촉매제가 되었고, 코칭과 지원이 함께할 때 성과가 빠르게 회복되는 구조가 완성되었다.

이 경험은 리더가 단순히 방향만 제시하는 것이 아니라, 실제 행동과 학습이 현장에서 반복될 수 있도록 지원과 피드백 루틴을 만드는 것이 얼마나 중요한지를 생생하게 보여주었다. 영업 현장에서 코칭을 할 때, 팀원 개개인의 작은 성공을 인정하고 즉시 피드백을 제공하는 구조를 설계하는 것만으로도 팀 전체 속도와 동기부여가 눈에 띄게 달라진다는 사실을 확인할 수 있었다.

1. 실행 중심 코칭의 핵심 원칙

실행 중심 코칭은 방향을 설명하는 데서 끝나지 않는다. 지금 당장 팀이 무엇을 하게 만들 것인가에 초점을 둔다.

1) 작게 시작하고, 바로 실행

침체기에 가장 위험한 선택은 '큰 계획'이다. 큰 변화는 오히려 실행을 늦춘다. 이 시기에는 지금 당장 가능한 행동 1~2가지면 충분하다.

> **ex**
> - 기존 고객 재접촉 3건
> - 미뤄두었던 제안서 1건 발송
> - 하루 방문 목표를 예전 수준으로 복귀

현장에서 효과가 있었던 팀들은 공통적으로 말한다.

> "완벽해서 움직인 게 아니라,
> 작게라도 움직였더니 흐름이 살아났다."

2) 측정할 수 있는 행동으로 코칭

실적 회복기에는 결과보다 행동 지표를 본다.

> "이번 달 매출이 왜 이래"라는 질문보다
> "오늘 어떤 행동을 몇 번 했는가"가 더 중요하다.

> **ex**
> - 전화 10건 ➡ 회신 3건
> - 방문 3건 ➡ 다음 미팅 1건 확보

이렇게 행동이 수치로 보이기 시작하면, 팀원 자신도 다시 통제 감을 느끼기 시작한다.

3) 즉시 피드백 루프 구축

실행 중심 코칭에서 가장 중요한 시간 단위는 24시간이다. 행동 후 하루가 지나 피드백이 오면, 이미 열은 식어 있다.

> - 실행 ➡ 24시간 내 피드백
> - 잘된 점 1가지, 바꿀 점 1가지
> - 바로 다음 행동으로 연결

이 루프가 돌아가기 시작하면, 팀의 속도는 눈에 띄게 달라진다.

2. 행동 기반 코칭 프로세스

실행 중심 코칭은 감으로 하지 않는다. 명확한 프로세스가 있다.

1) 현 상태 확인

이 단계에서 리더가 가장 경계해야 할 질문은 "왜 실적이 안 나오지?"이다. 대신 이렇게 묻는다.

실제 현장에서 보면, 실적이 떨어진 팀원일수록 행동 자체가 줄어든 경우가 많다.

2) 작은 실행 목표 설정

목표는 반드시 오늘·이번 주 단위여야 한다.

이 정도면 충분하다. 목표가 작아질수록 실행은 빨라진다.

3) 실행 관찰과 지원

코칭은 지시가 아니라 지원이다. 현장에서는 이런 차이가 난다.

스크립트, 자료, 동행, 조율. 리더가 손을 조금만 보태도 실행 속도는 달라진다.

4) 즉시 피드백과 재조정

실행 후 바로 피드백을 준다. 목표를 달성했는지보다 다음 행동이 무엇인지에 집중한다.

3. 코칭 대화에서 사용할 핵심 질문

실행 중심 코칭의 질문은 사고를 멈추게 하지 않는다. 행동을 앞으로 밀어준다.

- "오늘 가장 먼저 할 행동은 무엇인가요?"
- "그 행동이 성공하면 어떤 결과가 나올까요?"
- "지금 가장 큰 장애물은 뭔가요?"
- "내가 바로 도와줄 수 있는 건 무엇인가요?"

이 질문들을 반복하다 보면, 팀원은 기다리는 사람이 아니라 움직이는 사람이 된다. 필자가 직장 생활을 하면서 KPC 전문 코치 자격을 취득한 이유도 여기에 있다. 분석보다 실행을, 설득보다 행동을 만들어내는 코칭이 현장에서 훨씬 강력했기 때문이다.

4. 작은 성공 경험 누적

회복기 팀은 대개 자신감이 바닥나 있다. 그래서 더 큰 성공을 요구하면 오히려 멈춘다. 대신 작은 성공을 빠르게 만든다.

- 기존 고객 1명 재계약
- 제안서 1건 즉시 발송
- 하루 방문 목표 달성

이런 작은 성과를 즉시 팀과 공유한다. 성과의 크기보다 '다시 해냈다'라는 감각이 중요하다.

5. 팀 전체 실행 촉진

실행 중심 코칭은 개인 차원에서 끝나면 힘이 약하다. 팀 전체가 같은 리듬으로 움직여야 한다.

- 데일리 체크인 : 오늘 실행 목표 공유
- 주간 하이라이트 : 작은 성공 사례 공유
- 실시간 장애물 제거 : 리더 즉각 지원

이 구조가 만들어지면, 실행은 개인의 의지가 아니라 팀의 문화가 된다.

PART 4 행동 변화 _ 목표를 성과로 바꾸는 리더의 디테일

동양굿모닝영상의학과 이사님은 병원장의 배우자로서 조직 내에서 권위 있는 위치에 있지만, 실제 만나면 부드럽고 따뜻한 인품으로 영업 담당자들을 맞이하신다. 직함과 권위는 내려놓고, 한 사람 한 사람을 세심하게 챙기는 태도는 조직 문화와 팀원 행동에 강력한 영향을 준다.

영업 활동을 하면서 이사님은 항상 팀과 개별 담당자들을 존중하며 격려하셨다. 회의나 상담 자리에서 작은 성과나 노력도 즉시 인정하시고, 부족한 부분은 지적하기보다 "이번에는 이렇게 해보자"라며 다음 행동으로 자연스럽게 연결하도록 유도하셨다. 이런 접근은 심리적 안정감을 제공하며, 팀원들이 위축되지 않고 스스로 판단하고 행동하게 만드는 환경을 만든다.

또한, 이사님은 영업 담당자 개인과 고객의 관계를 장기적으로 관찰하며, 단기적 성과보다 신뢰 기반 관계 구축을 중요하게 여기셨다. 덕분에 병원 직원들은 고객 접점에서 자신감을 가지고 행동했고, 작은 성공을 지속적으로 경험하면서 점차 실행 속도와 질이 향상되었다. 이 사례는 단순한 친절과 배려가 아니라, 실행 중심 코칭과 자율 구조를 강화하는 리더십임을 보여준다. 권위적 리더십이 종종 팀원 위축과 행동 지연을 불러오지만, 겸손과 세심함 중심의 리더십은 팀의 자율 실행력과 지속적 성과 흐름을 만들어낸다.

6. 리더가 지켜야 할 코칭 습관

❶ 말보다 행동으로 보여주기
❷ 실행 후 24시간 내 피드백
❸ 결과보다 행동 칭찬
❹ 코칭을 이벤트가 아닌 루틴으로 반복

실적이 떨어졌을 때 팀을 살리는 리더는, 더 똑똑한 분석가가 아니다. 실행이 끊이지 않도록 환경과 리듬을 만드는 사람이다. 실행 중심 코칭은 과거를 설명하지 않는다. 미래를 기다리지도 않는다. 지금 당장 움직이게 만든다.

작은 행동을 즉시 실행하고, 결과보다 행동을 점검하며, 빠른 피드백으로 다음 행동을 조정한다. 이 흐름이 반복될 때 팀은 다시 '할 수 있다'라는 감각을 회복한다. 그리고 그 순간부터, 성과는 회복이 아니라 흐름이 된다. 다음 장에서는 이 실행 중심 코칭을 성과가 나는 변화 전략과 연결해, 팀 전체를 빠르게 성장시키는 방법을 다룬다.

오늘 바로 시작하는 팀장 액션 가이드

침체기 팀을 살리는 리더는 더 똑똑한 분석가가 아니다. 지금 당장 팀이 움직이도록 환경과 리듬을 만드는 사람이다. **작은 행동 ➡ 즉시 실행 ➡ 행동 점검 ➡ 빠른 피드백 ➡ 다음 행동 조정** 이 흐름이 반복되면 팀은 '할 수 있다'라는 감각을 회복하고 성과 흐름이 만들어진다.

    PART 4 행동 변화 _ 목표를 성과로 바꾸는 리더의 디테일

24

완벽한 계획보다 빠른 '한 뼘 변화' 전략

성과가 다시 오르기 시작하는 팀을 가까이서 들여다보면 공통점이 분명하다. 그들은 오래 고민하지 않는다. 대신 먼저 움직인다. 이 확신은 최근 『행동력 수업』의 저자인 오현호 작가님의 강의를 들으며 다시 한번 깊어졌다. 말보다 실행, 해석보다 행동, 안전한 계획보다 불완전한 도전을 선택해 온 그의 삶은 성과가 만들어지는 진짜 출발점이 어디인지 명확하게 보여준다.

세상을 바꾸는 사람은 생각을 많이 한 사람이 아니라, 몸으로 먼저 던진 사람이라는 사실 말이다. 영업팀의 성과를 회복시키는데 필요한 것도 바로 이것이다. 대단한 전략이나 정교한 중장기 로드맵이 아니다. 개인의 각성이나 리더의 강한 메시지도 결정적이지 않다. 성과가 빠르게 살아나는 팀은 언제나 팀 전체가 동시에 움직이게 만드는 작고 명확한 변화 전략을 먼저 만든다.

실적이 떨어지면 많은 팀이 가장 먼저 회의실로 향한다. 프로세스를 뜯어고치고, 전략을 재정의하고, 목표를 다시 세운다. 하지만 이런 접근은 대개 팀의 속도를 늦춘다. 변화가 시작되기도 전에 에너지가 분석과 토론 속에서 먼저 소진되기 때문이다. 준비는 점점 완벽해지지만, 실행은 계속 미뤄진다.

반대로 성과가 빠르게 회복되는 팀은 전혀 다른 선택을 한다. 그들은 변화를 '계획'이 아니라 행동의 리듬으로 설계한다. 하루 안에 실행할 수 있는 행동 하나를 정하고, 즉시 결과를 확인하며, 다음 행동으로 바로 연결되는 구조를 만든다. 오현호 작가가 보여준 삶의 태도처럼, 이 팀들은 완벽을 기다리지 않는다.

사소해 보이더라도 지금 당장 움직일 수 있는지를 기준으로 삼는다. 아이디어의 크기보다 실행의 밀도를 중시하고, 생각이 정리되기를 기다리기보다 행동하면서 방향을 잡는다. 그래서 그들은 무엇을 바꿔야 할지를 회의실이 아니라 현장에서 발견한다. 성과는 계획의 산물이 아니다. 실행이 쌓인 결과다.

팀의 흐름은 한 번의 결단으로 바뀌지 않는다. 작은 행동이 반복되고, 그 반복이 습관이 될 때 비로소 반전이 시작된다. 시작 자체보다 중요한 것은 끝까지 유지하는 힘이다. 오늘의 실행이 내일의 실행을 부르고, 그 리듬이 팀 전체로 퍼질 때 성과는 다시 움직이기 시작한다. 결국 성과 회복의 본질은 단순하다. 크게 바꾸려 하지 말고, 지금 당장 함께 움직일 수 있는 한 가지를 정하라. 그리고 그것을 오늘, 내일, 그다음 날까지 묵묵히 반복하라. 행동을 멈추지 않는 팀은 반드시 흐름을 되찾는다. 성과는 그다음에, 자연스럽게 따라온다.

   PART 4 행동 변화 _ 목표를 성과로 바꾸는 리더의 디테일 팀을 빠르게 바꾸는 전략의 출발점은 언제나 같다. 지금 당장 할 수 있는 가장 작은 행동 하나를 정하는 것이다. 예를 들어 이런 것들이다.

- 하루 1건 이상 기존 고객 재접촉
- 제안서 목차를 하나로 통일
- 모든 팀원이 데일리 1줄 리포트 작성
- 상담 후 24시간 내 고객 피드백 요청

이 행동들은 전략적으로 대단해 보이지 않는다. 하지만 중요한 건 크기가 아니라 반복 가능성이다. 작은 행동이 반복되기 시작하면, 팀은 서서히 새로운 행동 패턴을 학습한다. 이때부터 변화는 '지시'가 아니라 '습관'이 된다. 실제 현장에서 이런 장면을 자주 본다. 회의 때마다 "더 적극적으로 움직입시다"라고 말하던 팀이 있다.

성과는 오르지 않았다. 리더는 방식을 바꿨다. 이번 주 목표를 이렇게 정했다.

"이번 주는 모든 팀원이 기존 고객 5명에게만 집중합니다. 다른 건 하지 않아도 됩니다."

단 하나의 행동 목표였다. 하지만 팀 전체가 같은 방향으로 움직이자, 고객 반응이 보이기 시작했고, 대화가 늘었고, 팀 안에 '움직이고 있다'라는 감각이 살아났다. 빠른 변화 전략의 핵심은 '속도와 집중'이다. 팀 변화가 느린 가장 큰 이유는 우선순위가 많기 때문이다. 이것도 중요하고, 저것도 해야 하고, 동시에 여러 메시지가 내려온다.

결과적으로 팀은 아무것도 제대로 하지 못한다. 빠른 변화 전략에서는 두 가지만 지킨다.

❶ 행동을 빨리 시작할 것
❷ 팀 전체가 하나의 행동에 집중할 것

그래서 목표는 이렇게 정해진다.

- "이번 주 목표: 기존 고객 5명 집중 관리"
- "이번 주는 신규 발굴보다 재접촉에만 집중"
- "이번 주 점검 사항은 방문 수 하나만 본다"

이 단순함이 팀의 속도를 만든다. 집중이 생기면 실행이 빨라지고, 실행이 빨라지면 결과가 보이며, 결과가 보이면 팀의 에너지가 다시 살아난다.

   PART 4 행동 변화 _ 목표를 성과로 바꾸는 리더의 디테일

작은 변화 전략에서 코칭은 반드시 행동 중심이어야 한다. 분석과 평가가 아니라, **행동 ➡ 결과 ➡ 피드백 ➡ 재실행** 의 루프를 빠르게 돌리는 것이 핵심이다. 구조는 단순하다.

1단계	실행 행동 명확화	누가, 무엇을, 언제까지 할 것인가.
2단계	실행 후 즉시 결과 확인	잘 됐는지, 막힌 지점은 어디인지.
3단계	24시간 내 피드백	개선 포인트를 짚고 바로 다음 행동으로 연결.

이 루프가 반복되면 팀은 스스로 움직이기 시작한다. 리더가 모든 걸 지시하지 않아도 된다. 팀원들은 '이다음에 뭘 해야 하는지'를 이미 알고 있기 때문이다. 작은 성공은 반드시 '공개'되어야 한다. 변화가 팀에 뿌리내리려면, 작은 성공은 개인 경험으로 끝나면 안 된다. 반드시 팀 전체에 공유되어야 한다.

작은 성공 공유는 세 가지 효과를 만든다.

- 동료의 행동을 참고해 바로 따라 하게 된다.
- 성과가 눈에 보이면서 자신감이 올라간다.
- 변화가 개인이 아니라 팀 전체로 확산된다.

현장에서는 이렇게 공유된다.

"오늘 A가 기존 고객 두 명과 추가 미팅을 잡았습니다. 같은 방식으로 다른 고객에게도 적용해 봅시다."

이 한 문장이 팀의 행동을 바꾼다. 작은 성공은 전략 설명보다 훨씬 강력한 메시지다. 구조적 지원이 없으면 변화는 오래가지 않는다. 아무리 좋은 변화 전략도 개인 의지에만 의존하면 금방 무너진다. 그래서 리더는 반드시 구조적 지원을 함께 설계해야 한다.

- 고객 리스트와 연락처 정리
- 제안서 · 스크립트 템플릿 제공
- 실행에 필요한 자료 즉시 지원
- 장애 요소 발견 시 리더가 먼저 제거
- 실행 현황을 한눈에 볼 수 있는 공유 구조

이 지원이 있어야 팀의 실행 속도가 유지된다. 변화는 의지가 아니라 환경에서 지속된다. 변화 전략의 완성은 '반복과 습관화'다. 빠른 변화 전략의 마지막 단계는 반복이다. 하루, 주간, 월간 루틴 속에 행동을 고정한다.

- 하루: 실행과 공유
- 주간: 작은 성공 정리와 다음 행동 설정
- 월간: 반복된 행동 중 남길 것과 버릴 것 정리

PART 4 행동 변화 _ 목표를 성과로 바꾸는 리더의 디테일이 과정이 쌓이면 팀에는 새로운 기본값이 만들어진다. "이 팀에서는 이렇게 움직인다"라는 기준이 생긴다. 이때부터 팀은 외부 환경에 쉽게 흔들리지 않는다. 마지막으로, 지금 당장 적용할 수 있는 체크리스트로 정리해 보자.

❶ 팀 전체가 집중할 핵심 행동 3~5가지 선정
❷ 실행 목표를 하루 단위로 명확히 설정
❸ 행동 후 24시간 내 피드백 루프 운영
❹ 작은 성공 사례를 전 팀에 공유
❺ 실행을 돕는 구조적 지원 제공
❻ 하루 · 주간 · 월간 루틴으로 반복
❼ 한 번에 하나의 행동에만 집중

영업팀을 가장 빨리 바꾸는 전략은 거창한 변화 계획이 아니다. 작은 행동, 빠른 피드백, 반복과 공유. 이 네 가지가 맞물릴 때 팀은 다시 움직이기 시작한다.

다음 장에서는 이렇게 만들어진 실행과 리듬이 어떻게 리더의 반복 행동을 통해 '문화'로 고착되는지를 살펴보겠다.

 **오늘 바로 시작하는 팀장 액션 가이드**

거창한 계획보다 **작은 행동** ➡ **빠른 피드백** ➡ **반복과 공유**. 이 네 가지 요소가 맞물릴 때 팀은 자연스럽게 움직이고 성과를 회복한다.

25

소통은 기술이 아니라 '반복되는 루틴'이다

실적이 바닥을 찍고, 팀에 다시 작은 움직임이 보이기 시작하면 리더의 마음에는 안도감이 먼저 찾아온다. '이제 좀 살아나는구나.' 하지만 경험상 바로 이 지점이 가장 위험하다. 많은 영업팀이 이 구간에서 다시 멈춘다. 실행은 시작됐고, 분위기도 한결 부드러워졌으며, 숫자도 소폭 반등한다.

그런데 어느 순간부터 회의는 느슨해지고, 실행 점검은 줄어든다. "요즘은 괜찮잖아요"라는 말이 팀 전체를 덮는 순간, 변화는 조용히 힘을 잃는다. 문제는 실행이 부족해서가 아니다. 변화를 관리하지 않았기 때문이다. 조직에서 변화는 공감으로 시작될 수는 있어도, 공감만으로는 유지되지 않는다.

리더의 말이 '좋은 이야기'로 끝나는 순간, 팀의 에너지는 다시 흩어진다. 진짜 전달력이 발휘되는 순간은 팀원들이 스스로 묻게 만들 때다. "그래서 나는 오늘 무엇을 해야 하지?", "이번 주에 어떤 행동을 반복해야 하지?"

성과가 다시 오르는 팀을 보면 공통점이 있다. 리더의 메시지가 분위기를 띄우는 데서 멈추지 않고, 행동의 기준과 리듬을 끝까지 관리한다는 점이다.

'열심히 하자'가 아니라 '오늘 누구에게, 어떤 행동을, 몇 번 할 것인가'를 분명히 한다. 실행이 눈에 보이기 시작하면 팀원들은 이해했다고 말하지 않는다. 대신 해봤다고 말한다.

변화는 시작보다 유지가 어렵다. 그래서 이 시기의 리더는 동기 부여자가 아니라 실행 관리자가 되어야 한다.

작은 행동이 반복되고 있는지, 점검과 피드백이 느슨해지지 않았는지, 팀 전체가 같은 속도로 움직이고 있는지를 끝까지 챙겨야 한다. 조직은 감동으로 움직이지 않는다. 행동으로만 움직인다. 리더의 언어가 팀의 일상 속 실행으로 연결될 때, 반짝 반등은 흐름이 되고, 일시적 회복은 지속적인 성과로 바뀐다. 이 지점을 놓치지 않는 것, 바로 여기에 성과를 유지하는 리더십의 본질이 있다.

| "이제 예전처럼 돌아가도 되는 거죠?"

한 중견 B2B 영업팀에서 실제로 있었던 일이다. 장기간 실적 하락으로 조직 분위기가 완전히 가라앉아 있었고, 팀장은 실행 중심으로 팀을 다시 세우기 시작했다. 기존 고객 관리 강화, 하루 · 주간 · 월간 목표 재정렬, 일일 보고서 공유까지 실행의 모든 과정을 촘촘히 관리했다.

초기에는 반발도 있었다.

"이렇게까지 해야 하나요?"

"예전에는 안 그랬잖아요."

하지만 3주가 지나자, 눈에 띄는 변화가 나타났다. 회의에서 말수가 늘었고, 영업일지에는 다시 실제 고객 이야기가 등장했다. 숫자도 서서히 반등했다. 그리고 한 달쯤 지난 어느 날, 한 팀원이 조심스럽게 물었다.

"팀장님, 이제 흐름 좀 잡힌 것 같은데…. 예전 방식으로 돌아가도 되는 거죠?"

그 말에는 악의가 없었다. 안도와 피로가 섞인 솔직한 질문이었다. 그러나 그 순간, 이 팀의 리더는 중요한 선택의 기로에 섰다.

| 변화는 '불편함' 위에서만 유지된다

사람은 본능적으로 편한 쪽으로 돌아가려 한다. 조직도 다르지 않다. 실행 중심 루틴은 대부분 불편하다. 매일 점검해야 하고, 행동이 드러나며, 핑계를 대기 어렵다. 그래서 성과가 조금만 회복되면 팀은 무의식적으로 묻는다. "이 정도면 되지 않았나?", "이제 굳이 이렇게까지 해야 하나?"

바로 이 순간, 리더가 한 발 물러서는 순간 변화는 멈춘다. 변화를 지속시키는 리더의 역할은 다시 긴장시키는 것이 아니다. 팀의 '기본값'을 바꾸는 것이다. 실행을 다시 시작하는 단계에서는 리더의 개입이 많아야 한다. 하지만 변화가 자리 잡기 시작하면, 리더는 역할을 바꿔야 한다.

- 더 많이 말하지 않는다.
- 더 세게 독려하지 않는다.
- 대신, 구조만 남긴다.

| 말이 아니라 '기준'을 남긴 리더

이 팀의 리더는 이렇게 말했다. "예전 방식으로 돌아가는 건 안합니다. 다만, 이건 특별한 캠페인이 아니라 우리 팀의 기본 방식입니다." 그 말 이후, 리더는 실행을 '지시'하지 않았다. 대신 확인만 했다.

- 오늘의 실행 목표는 공유됐는가.
- 실행 결과는 기록됐는가.
- 피드백은 하루 안에 이뤄졌는가.

감정도, 설득도 줄였다. 남은 것은 루틴뿐이었다. 소통은 더 많아지지 않았지만, 끊어지지 않게 유지됐다.

| 변화가 멈추지 않는 팀의 공통점

현장에서 성과를 회복한 팀들을 보면 공통점이 분명하다. 리더가 더 열심히 해서 유지되는 팀은 없다. 리더가 빠져도 굴러가는 구조를 만든 팀만 살아남는다. 그 구조에는 몇 가지 특징이 있다.

첫째, 실행을 평가하는 기준이 명확하다. 결과보다 행동이 먼저다. "이번 달 얼마 했어?"보다 "이번 주 뭘 했어?"가 먼저 나온다.

둘째, 공유는 선택이 아니다. 공유하지 않으면 빠진 것이다. 자연스럽게 팀의 기본 행동이 된다.

셋째, 리더의 칭찬 기준이 바뀐다. 큰 계약보다 작은 실행을 먼저 인정한다. 그래야 팀은 다시 안전하게 움직인다.

변화를 지속시키는 데 필요한 것은 새로운 아이디어가 아니다. 결단이다.

| 리더가 내려야 할 마지막 결단

- 이 방식으로 간다.
- 예전으로 돌아가지 않는다.
- 불편하지만, 이게 우리 팀의 기준이다.

이 결단이 말로만 남아서는 안 된다. 회의 구조, 보고 방식, 코칭 기준까지 모두 같은 방향으로 맞춰져야 한다. 이때부터 리더는 '동기부여 하는 사람'이 아니라 기준을 지키는 사람이 된다. 변화는 자연스럽게 유지되지 않는다. 관리될 때만 살아남는다. 관리되지 않는 변화는 결국 캠페인으로 끝난다.

하지만 실행이 루틴이 되고, 루틴이 기준이 되며, 기준이 문화가 되면 팀은 더 이상 예전으로 돌아갈 수 없다. 그 순간, 팀은 '다시 움직이는 팀'이 아니라 움직이는 것이 당연한 팀이 된다. 이것이 변화를 멈추지 않게 만드는 리더의 마지막 역할이다. 성과가 떨어졌을 때 많은 리더는 더 정교한 전략을 찾는다.

그러나 현장에서 반복해서 확인한 사실은 다르다. 팀을 다시 움직이게 만드는 힘은 거창한 계획이 아니라, 지금 당장 실행하게 만드는 구조에서 나온다. 이 장에서 다룬 모든 행동의 핵심은 하나의 질문으로 수렴된다.

"우리 팀은 오늘도 움직이게 설계되어 있는가"

성과가 무너질 때 팀은 의욕을 잃어서가 아니라, 움직일 이유와 방식이 사라졌기 때문에 멈춘다. 반대로 성과가 오르는 팀은 동기부여를 많이 받아서가 아니라, 행동하지 않기 어려운 구조 안에 놓여 있다. 리더의 역할은 팀을 밀어붙이는 사람이 아니다. 고객, 영업사원, 리더가 동시에 움직이도록 판을 짜고, 그 움직임이 멈추지 않도록 기준과 루틴을 지켜내는 사람이다.

성과를 기다리지 말고, 움직임을 관리하라. 움직임이 살아나면 숫자는 반드시 뒤따라온다.

 **오늘 바로 시작하는 팀장 액션 가이드**

변화는 관리되지 않으면 멈춘다. 리더는 팀을 밀어붙이는 사람이 아니라, 움직임을 설계하고 기준을 지키는 사람이다. 반복되는 루틴과 기준이 자리 잡으면, 팀은 자연스럽게 행동하고 성과는 뒤따라온다.

     PART 4 행동 변화 _ 목표를 성과로 바꾸는 리더의 디테일

PART 5

무너지지 않는 성과를 만드는 1%의 습관

26

성과를 끌어당기는 리더의 언어 습관

실적이 떨어진 영업팀을 살리기 위해 많은 리더가 전략부터 바꾸려 한다. 목표를 조정하고, KPI를 다시 설계하고, 회의를 늘린다. 하지만 현장에서 수없이 확인한 사실은 다르다. 팀이 다시 움직이기 시작하는 순간은 전략이 바뀌는 때가 아니라, 리더의 말이 바뀌는 순간이다. 같은 목표, 같은 지시라도 어떤 언어로 전달되느냐에 따라 팀의 반응 속도는 극단적으로 달라진다.

성과가 정체된 팀을 자세히 들여다보면 공통점이 있다. 팀원들이 일을 안 하는 것이 아니다. 다만 언제, 무엇을, 어느 수준까지 해야 하는지에 대한 신호가 흐릿해져 있다. 이때 리더의 말은 무심코 팀의 기본 행동 값을 결정한다. 압박하는 말투는 팀을 멈추게 하고, 모호한 표현은 판단을 지연시킨다. 반대로 구체적이고 실행을 전제로 한 언어는 팀을 생각보다 훨씬 빠르게 움직이게 만든다.

리더의 언어는 단순한 소통 기법이 아니다. 그것은 팀에 보내는 신호다. 지금 움직여도 되는지, 실패해도 안전한지, 실행하면 바로 피드백을 받을 수 있는지를 결정하는 기준이다. 그래서 성과가 유지되는 팀은 우연히 만들어지지 않는다. 리더가 매일 반복하는 언어가 팀의 속도와 실행 습관을 설계한다.

한석준 아나운서는 『대화의 기술』에서 설득에 대해 이렇게 말한다. 상대를 설득하려 할수록 말은 길어지고, 말이 길어질수록 상대의 판단은 멈춘다. 그는 대화의 목적을 '이해시키는 것'이 아니라, 상대가 스스로 판단하게 만드는 것이라고 정의한다. 그래서 그는 설명을 늘리는 대신 질문을 바꾸는 방식을 선택했다.

해답을 제시하는 대신 선택지를 남겼고, 방향을 강요하는 대신 판단의 주도권을 넘겼다. 흥미로운 변화는 그다음에 일어났다. 말을 줄이자 상대의 말이 늘었고, 판단이 시작됐으며, 행동이 뒤따랐다. 대화의 주도권을 넘겨주는 순간, 책임도 함께 이동한 것이다. 영업팀에서도 동일한 현상이 반복된다. 리더가 말할수록 팀은 멈추고, 리더가 질문할수록 팀은 움직인다.

성과를 끌어당기는 언어란, 팀을 몰아붙이는 말이 아니라 판단과 실행을 허용하는 말이다.

영업팀이 움직이는 속도는 팀원들의 역량이나 외부 환경만으로 결정되지 않는다. 가장 큰 영향을 주는 요소 중 하나가 바로 리더의 말투와 언어다. 같은 지시라도, 말투와 전달 방식에 따라 팀의 반응 속도와 실행력은 천차만별이다. 말투가 팀에 미치는 영향은 다양하다. 리더의 말투는 팀의 심리적 안정감, 자신감, 실행 속도에 직접 연결된다.

     PART 5 지지 않는 팀 _ 무너지지 않는 성과를 만드는 1%의 습관

말투는 단순한 어투가 아니라 팀 행동 패턴과 속도를 만드는 가장 강력한 수단이다. 속도를 높이는 말투의 특징에 대해 자세하게 살펴보도록 하자.

1) 구체성

막연한 "열심히 하자"보다, 누가, 무엇을, 언제까지 행동할지 **명확히 전달**

> **ex** "오늘 A 고객 3건 재접촉, 완료 후 보고"

2) 행동 중심 기대

- 결과가 아닌 행동에 초점
- "완벽할 필요 없지만 먼저 실행해, 부족하면 내가 바로 지원할게"

3) 간결함

- 불필요하고 장황한 설명은 행동 속도 늦춤
- 핵심 메시지만 빠르게 전달 ➡ 팀이 즉시 행동

4) 지원과 신뢰의 명시

- 장애물 제거 및 즉시 지원 약속
- 팀원은 안전하게 행동 ➡ 속도 향상

리더의 잘못된 말투가 만드는 문제는 정말 다양하게 나타난다. 특히 지시 중심, 비판형 말투는 팀원을 위축시켜 실행을 지연시킨다. 모호한 메시지는 누가 무엇을 해야 하는지 혼란스러워 속도를 떨어뜨린다. 과도한 분석 요구는 실행 전에 분석만 반복하여 성과 회복 속도가 늦어지는 결과를 초래한다.

말투 하나가 팀 전체 속도를 결정한다는 점을 인식해야 하는 이유다. 다음은 말투를 바꾸는 실전 팁에 대해 구체적으로 설명하겠다.

1) 명령형 대신 질문형 + 안내형

- "왜 안 했어?" (X)
- "오늘 이 행동 어떻게 시작할래? 필요한 지원은 내가 바로 제공할게! 한번 해봐!" (O)

2) 행동 중심 강조

- '결과보다 먼저 실행'
- '작게 시작하고, 바로 피드백 ➡ 반복'

3) 속도 언급

- 팀에게 주간 단위 목표 제시
  ex "이번 주에 신규 1건 등록 완료 ➡ 보고"

4) 반복과 습관화

- 핵심 말투를 매일, 매회의, 1:1 대화에서 반복
- 습관화될수록 팀원 반응 속도가 빨라진다.

말투와 팀 속도 연결 체크리스트로 정리해 보자.

- 내가 한 말이 팀 행동으로 이어졌는가?
- 메시지 전달 후 24시간 내 실행 확인
- 장황한 설명이 아니라 핵심 행동 지시였는가?
- 장애물 제거와 지원을 충분히 약속했는가?

이 네 가지 질문을 매일 점검하면, 리더 말투가 팀 속도를 결정하는 기준으로 자리 잡는다. 리더의 말투는 단순한 의사 전달이 아니라 팀 속도와 실행력의 엔진이다. 같은 목표, 같은 지시라도 말투와 전달 방식에 따라 팀이 즉시 움직일 수도, 주저하며 멈출 수도 있다. 리더가 말투를 전략적으로 설계하고 반복하면, 팀은 스스로 속도를 내고 행동하며 성과를 빠르게 회복한다.

영업팀의 속도가 느려질 때, 우리는 흔히 사람이나 환경을 먼저 의심한다. 하지만 실제 현장에서 가장 빠르게 바꿀 수 있고, 가장 즉각적인 영향을 주는 요소는 리더가 매일 사용하는 말투와 언어다. 같은 목표를 말해도, 같은 실행을 지시해도, 리더의 말투가 압박과 불안을 만들면 팀은 멈춘다.

반대로 말투가 구체적인 행동과 즉시 지원을 전제로 할 때, 팀은 생각보다 훨씬 빠르게 움직인다. 중요한 것은 말의 '내용'보다 그 말이 팀원에게 어떤 신호를 주느냐다. 지금 당장 움직여도 안전한지, 부족해도 시도해도 되는지, 실행하면 바로 피드백을 받을 수 있는지. 이 신호를 만들어내는 것이 바로 리더의 말투다.

리더가 말을 바꾸는 순간, 팀의 움직임도 함께 바뀐다. 이것이 말투를 전략으로 다뤄야 하는 이유이며, 팀을 다시 움직이게 만드는 가장 현실적인 출발점이다.

   PART 5 지지 않는 팀 _ 무너지지 않는 성과를 만드는 1%의 습관

다음 장에서는 이 말투와 코칭을 책임을 묻는 대신 움직이게 만드는 질문법으로 연결해, 팀을 지속적으로 활성화하는 방법을 다룬다.

오늘 바로 시작하는 팀장 액션 가이드

구체적·행동 중심·즉시 지원 신호를 주는 언어 ➡ 팀이 빠르게 움직임.
속도와 실행력은 사람이나 환경보다 리더의 언어에 즉각적 영향을 받는다.
말투가 전략이 되는 순간, 팀의 움직임이 바뀌고 성과 회복이 시작된다.

27

취조하지 마라, '질문'으로
팀원의 근육을 깨워라

영업팀의 실적이 꺾이기 시작하면, 많은 리더는 본능적으로 책임부터 묻는다. "왜 아직 안 끝났나?", "이번 달 목표는 왜 못 채웠지?" 표면적으로는 관리처럼 보이지만, 이런 질문은 팀을 앞으로 밀기보다 움츠러들게 만든다. 사람은 추궁당하는 순간 방어부터 하게 되고, 속도는 그때부터 눈에 띄게 떨어진다.

현장에서 20년 동안 지켜본 결과는 분명하다. 성과를 빠르게 회복하는 팀의 리더는 원인을 캐묻지 않는다. 대신 행동을 끌어내는 질문을 던진다. 답을 주거나 책임을 묻는 대신, 팀원이 스스로 다음 수를 선택하게 만든다. 예를 들어 "왜 못 했어?"가 아니라 이렇게 묻는다.

"지금, 이 상황에서 이번 주 안에 바로 바꿀 수 있는 한 가지 행동은 뭐라고 봐?" 이 질문은 평가가 아니라 결정을 요구한다. 변명을 줄이고, 실행을 앞당긴다.

리더의 질문은 곧 조직의 사고방식이 된다. 추궁하는 질문이 반복되는 팀은 보고에 익숙해지고, 생각은 멈춘다. 반대로 행동을 설계하게 만드는 질문이 쌓이면, 팀원은 지시를 기다리지 않고 스스로 움직이기 시작한다. 결국 성과 회복의 속도는 리더의 질문에서 갈린다. 책임을 묻는 말은 과거에 머물게 하고, 행동을 묻는 말은 지금 당장 움직이게 한다.

영업팀을 다시 뛰게 만드는 리더는 정답을 말하는 사람이 아니라, 실행이 나오도록 질문을 설계하는 사람이다.

1. 책임 중심 질문 vs 실행 중심 질문

구분	책임 중심 질문	실행 중심 질문	현장 사례
목적	과거 실수 확인	미래 행동 촉진	팀원이 한 달 동안 신규 계약 한 건도 못 올렸을 때
예시	"왜 아직 안 했어?"	"오늘 A 고객에게 어떤 방식으로 접근할 계획이야?"	팀원 김 과장은 방어적 반응 ➡ 실행 지연
팀 반응	위축, 방어적	생각, 계획, 실행	질문 후 김 과장은 스스로 목표를 세우고 3시간 내 재접촉 완료
효과	속도 감소	행동 속도 증가, 자기 주도 실행	다음 날 실적 회복, 자신감 상승

2. 움직이게 만드는 질문의 핵심 특징

1) 구체적 행동 초점

- 단순한 지시가 아닌 누가, 무엇을, 언제까지 행동할지 질문한다.

  ex "오늘 A에게 어떤 방식으로 접근할 계획이야?"

  현장 사례 : 신규 거래가 지연된 팀원에게 이렇게 질문했더니,
  팀원 스스로 3가지 접근 방법을 정리하고 바로 실행함

2) 해결책 유도

- 장애물이 있으면 팀원이 스스로 해결책을 생각하도록 유도한다.

  ex "이번 재계약 과정에서 가장 걸리는 부분이 뭐라고 생각해? 어떻게 풀어 볼래?"

  팀원은 자신의 문제를 명확히 하고, 리더는 필요한 지원만 제공

  ➡ 실행 속도 상승

3) 지원 연결

- 리더가 즉시 지원 가능성을 질문에 포함한다.

  ex "내가 도와줄 수 있는 부분은 무엇인가?"

  현장 사례 : 팀원 B는 고객 자료 준비 문제를 말했고, 내가 바로 자료를
  공유 ➡ 2시간 내 고객 미팅 완료

4) 미래 지향적

- 과거 실적보다 오늘·이번 주 행동 계획에 초점을 둔다.

  ex "이번 주 목표를 달성하기 위해 오늘 가장 먼저 실행할 행동은 무엇인가?"

  팀원 스스로 계획 ➡ 행동 ➡ 결과 ➡ 피드백 루프 형성

3. 질문 유형별 실전 활용

1) 시작 질문

- "오늘 가장 먼저 실행할 행동은 무엇인가?"

  팀원 스스로 우선순위를 정하게 만들고, 즉시 행동으로 이어짐

2) 장애물 확인 질문

- "실행을 막는 요소가 있나요?"

  현장 사례 : 신규 거래 재계약에서 팀원이 "고객 회신이 늦다"라고 말했을 때, 내가 즉시 대체 연락 방법을 제안 ➡ 실행 지연 최소화

3) 성과 연결 질문

- "이 행동이 성공하면 어떤 결과가 나올까?"

  팀원은 결과를 머릿속으로 그리며 행동의 의미와 동기를 인식 ➡ 속도와 집중 강화

4) 점검 질문

• "이 행동은 완료됐어? 다음 단계는 무엇인가?"

하루 단위 실행 루프 형성 ➡ 팀 전체 속도 유지

4. 질문법이 만들어내는 팀 변화

• 책임 묻기 대신 질문 중심 코칭을 하면 팀원 스스로 움직이는 문화가 형성된다.

한 달간 신규 계약 실적이 없던 팀원에게, 과거 실적이 아닌 오늘 행동 계획만 질문

팀원 스스로 행동 계획을 작성 ➡ 3시간 내 고객 재접촉 완료 ➡ 1주일 후 2건 계약 성사

결과 : 팀원 자신감 회복, 다른 팀원에게도 질문 중심 코칭 전파 ➡ 팀 전체 속도 상승

5. 질문법 적용 체크리스트

❶ 질문이 책임 추궁이 아닌 행동 촉진에 초점인가?
❷ 질문 후 팀원이 스스로 행동 계획을 제시했는가?
❸ 리더는 즉시 지원과 피드백을 제공했는가?
❹ 행동 ➡ 결과 ➡ 다음 행동 루프가 형성되었는가?

6. 실전 팁

책임을 묻는 말은 팀을 위축시키고, 속도를 늦춘다. 반대로, 행동 촉진형 질문은 팀이 스스로 움직이고, 속도를 내며 성과를 만들어낸다. 리더는 질문을 통해 팀 행동 루프를 만들고, 실행 중심 문화를 지속적으로 강화해야 한다. 현장에서 내가 경험한 사례처럼, 질문 하나가 팀 전체 실행력을 며칠 만에 바꾸는 힘을 가진다.

다음 장에서는 이 질문법과 말투, 코칭 전략을 1:1 대화 전략으로 연결해 팀을 지속적으로 활성화하는 방법을 다룬다.

오늘 바로 시작하는 팀장 액션 가이드

책임을 묻는 말은 팀을 위축시키고 속도를 늦춘다. 행동 촉진형 질문은 팀이 스스로 움직이게 하고, 속도와 실행력을 높인다. 리더는 질문으로 팀 행동 루프를 설계하고, 실행 중심 문화를 지속적으로 강화해야 한다.

28

마음을 얻고 성과를 챙기는
결정적 1:1 대화법

영업팀의 성과를 빠르게 회복시키려면, 팀 전체 회의나 지시만으로는 부족하다. 팀원 한 사람, 한 사람과 직접 마주 앉아 이야기하는 1:1 대화가 필요하다. 왜냐하면, 팀 전체가 아무리 회의에서 의욕을 보이더라도, 개별 팀원의 실행 속도와 동기가 살아있지 않으면 성과는 금세 멈추기 때문이다.

20년간 현장에서 경험한 바로, 효과적인 1:1 대화는 질문, 피드백, 실행 점검, 지원 제공이 모두 결합할 때 팀 속도를 극적으로 끌어올린다는 것이다. 1:1 대화는 단순히 진행 상황을 보고 받는 시간이 절대 아니다. 대화의 목적에 대해 네 가지로 설명하겠다.

첫째, 팀원의 실행 상태를 정확히 확인한다.

예를 들어 한 팀원이 고객 재접촉을 계속 미루고 있다고 하자. 회의에서는 잘 드러나지 않지만, 1:1에서 원인을 확인하면 바로 지원할 수 있다. 실제 현장에서도 이런 방식으로, 단 몇 시간 만에 실행을 이어가 성과로 연결한 사례가 있다.

둘째, 실행 계획을 함께 설계하는 자리이다.

팀원에게 단순히 "이거 해라", "저거 해라"라고, 지시하는 것이 아니라, 스스로 행동 계획을 세우도록 질문을 던진다. "오늘 A 고객에게 어떤 방식으로 접근할 계획이야?" 이런 질문 한 마디가 팀원에게 우선순위를 생각하게 하고, 바로 행동으로 이어지게 한다.

셋째, 즉각적 피드백을 제공한다.

팀원이 행동 후 느낀 점과 문제를 공유하면, 리더가 즉시 조언을 줄 수 있다. 이 과정을 통해 팀원은 빠르게 실행하고, 시행착오를 최소화하며 배우게 된다.

마지막으로 1:1 대화는 심리적 안정감을 확보하는 자리이기도 하다.

부담을 최소화하고 솔직하게 이야기할 수 있는 환경을 만들어주면, 팀원은 자기 생각과 문제를 숨기지 않고 공유하게 된다.

실제 현장에서 내가 활용하는 1:1 대화 구조에 관해 설명하겠다. 간단하지만 효과적이다.

1) 상황 확인 (Status Check)

"이번 주 목표 진행은 어때?"

팀원 A는 목표 대비 70%만 달성했다고 이야기했다. 원인을 듣고, 즉시 지원 계획을 세울 수 있다.

2) 실행 촉진 질문 (Action-Oriented Question)

"오늘 가장 먼저 실행할 행동은 무엇이야?"

"혹시 장애물이 있다면 어떻게 해결할 거야?"

이런 질문은 팀원이 스스로 해결책을 생각하고 행동하도록 유도한다.

3) 피드백과 지원 제공 (Feedback & Support)

팀원의 계획을 검토하고 필요한 자료, 시스템, 도움을 제공한다. 예를 들어 고객 자료가 부족하면 바로 템플릿을 공유하고, 실행 지연을 막는다.

4) 결과 점검 및 다음 행동 계획 (Review & Next Step)

"이 행동 결과는 어땠어? 다음 단계는 무엇인가?"

하루 단위 루프를 만들면, 팀원은 스스로 행동을 조정하며 속도를 유지하게 된다.

실제 현장 사례 이야기다. 한 달 동안 신규 계약 실적이 없던 팀원 B를 떠올려 보자. 회의에서도 문제를 드러내지 못하고 위축되어 있었다. 1:1 대화를 시작했다.

- **상황 확인:** "이번 주 신규 고객 접촉은 어떻게 진행됐어?"
  - ➡ **팀원:** "몇 명 연락했지만, 반응이 없었습니다."

- **실행 촉진 질문:** "오늘 가장 먼저 할 수 있는 접촉 방법은 뭐가 있을까?"
  - ➡ **팀원:** "직접 전화로 재방문하기로 계획을 세웠습니다."

- **피드백 & 지원:** "좋아, 필요하면 내가 바로 고객 자료와 프로모션 만들어 줄게."
  - ➡ **팀원:** "2시간 만에 고객에게 연락했고, 미팅 후 바로 긍정적 반응을 얻었습니다."

이 사례에서 볼 수 있듯이, 질문과 지원만으로 팀원 행동이 즉시 연결되고, 자신감도 회복할 수 있었다. 뭐든 습관이 중요하듯 1:1 대화도 마찬가지다. 주 1회 이상 정기 1:1을 잡고, 필요하면 현장에서 즉시 1:1도 가능하다. 오늘 확인할 행동과 장애물을 명확히 설정하여 리더가 말하기보다 팀원의 생각을 끌어내는 코칭이 중요하다.

과거 실적보다 오늘 혹은 이번 주 실행에 초점을 맞춰야 효과가 크다. 이 습관들이 쌓이면, 팀원은 스스로 움직이는 조직 문화에 익숙해진다. 실전 체크리스트를 설명하겠다.

이 네 가지만 점검해도 1:1 대화가 단순 보고가 아닌 행동을 촉진하는 도구가 된다. 1:1 대화는 팀원과 단순히 이야기를 나누는 자리가 아니다. 실행을 촉진하고 방향과 속도를 점검하는 강력한 도구이다. 책임을 묻는 대신 질문 중심, 리더가 말하기보다 듣기 중심, 실행 중심, 과거형이 아닌 미래형, 지원 연결에 초점을 맞추면, 팀원은 스스로 움직이고 성과를 만들어낸다.

이 장에서 강조한 1:1 대화의 본질은 관리나 평가가 아니라 실행 촉진에 있다. 팀원의 현재 실행 상태를 정확히 확인하고, 당장 할 수 있는 행동을 함께 설계하며, 필요한 지원을 즉시 연결하는 것. 이 네 가지가 동시에 이루어질 때, 팀원의 행동은 지체 없이 이어지고 성과의 흐름도 다시 살아난다.

특히 효과적인 1:1 대화는 리더가 많이 말하는 시간이 아니다. 오히려 "지금 가장 먼저 할 수 있는 행동은 무엇인가?", "이 행동을 막는 장애물은 무엇인가?"와 같은 질문을 통해 팀원이 스스로 답을 찾게 만드는 과정이 중요하다. 여기에 즉각적인 피드백과 현실적인 지원이 더해지면, 팀원은 다시 시도하고 움직일 힘을 얻게 된다.

이것이 반복되면, 팀원은 지시를 기다리는 수동적인 사람이 아니라 스스로 실행을 기획하고, 설계하고 실행하는 주도적인 사람으로 변화한다. 중요한 점은 1:1 대화가 특별한 코칭 기술이 아니라 리더의 일상적인 습관이어야 한다는 것이다. 정기적인 1:1, 행동 중심의 질문, 빠른 실행 점검과 지원 연결이 쌓이면, 팀은 자연스럽게 '움직이는 조직'의 리듬을 갖게 된다. 결국 성과를 만드는 힘은 시스템이나 지표 이전에 사람의 실행력에서 나온다.

1:1 대화는 그 실행력을 깨우는 가장 직접적인 통로다. 리더가 이 대화를 제대로 설계하고 활용한다면, 팀은 압박 속에서도 무너지지 않고, 다시 속도를 내기 시작할 것이다.

현장에서 내가 경험한 것처럼, 제대로 설계된 1:1 대화 한 번이 팀원의 실행력과 자신감을 순식간에 바꿀 수 있다.

오늘 바로 시작하는 팀장 액션 가이드

- 행동 중심 질문 + 즉각 피드백 + 지원 연결 ➡ 팀원 스스로 행동
- 반복적 1:1 ➡ 팀은 자연스럽게 움직이는 조직이 된다.

  1:1 대화는 리더의 일상적 습관이어야 한다. 성과를 만드는 힘은 지표나 시스템보다 팀원의 실행력에서 나온다.

29

이기는 팀의 리더만 알고 있는 10가지 리딩 시나리오

팀을 움직이는 리더는 타고난 카리스마를 가진 사람이 아니다. 말을 잘하거나 비전을 화려하게 제시하는 사람도 아니다. 현장에서 성과를 만들어내는 리더들을 오랫동안 관찰하면 분명한 공통점이 있다. 그들은 특별한 재능보다 반복되는 일상 속 행동 습관이 다르다.

20여 년의 영업 현장에서 직접 보고, 부딪히고, 결과로 증명해 온 바에 따르면 팀의 속도를 바꾸는 힘은 전략이나 슬로건에서 나오지 않는다. 리더가 매일 무엇을 묻고, 무엇을 점검하며, 어떤 행동을 반복하느냐가 팀의 리듬을 결정한다. 결국 성과를 만드는 것은 리더의 말이 아니라 리더의 행동 패턴이다.

이 장에서 다루는 '팀을 움직이는 리더의 10가지 비밀'은 거창한 이론이 아니다. 광고 문구처럼 짧고 명확하지만, 현장에서 바로 써먹을 수 있는 행동 중심의 리더십 원칙들이다. 설명보다 실행을, 지시보다 질문을, 계획보다 반복을 선택해 온 리더들의 공통된 습관을 정리했다.

이 10가지는 팀의 분위기를 바꾸고, 실행을 당기며, 성과 회복의 속도를 눈에 띄게 앞당기는 실전 도구다. 팀을 바꾸고 싶다면 리더 자신부터 달라져야 한다. 그리고 그 변화는 언제나 작고 일상적인 행동 하나에서 시작된다.

1. 하루 시작을 행동 중심으로 설계한다

- 아침부터 회의, 보고, 이메일보다 먼저 오늘 실행할 행동을 확인한다.
  - **ex** "오늘 가장 먼저 만날 고객은 누구야?"
- 이렇게 하루를 시작하면, 팀원도 행동 중심으로 하루를 설계하게 된다.

2. 문제보다 행동을 먼저 묻는다

- "왜 목표를 못 달성했어" 대신,
- "오늘 무엇을 가장 먼저 실행할 거야?"
- 신규 계약 실적이 부진한 팀원에게 책임 추궁 대신 행동 계획을 묻는 것이다.

3. 작은 성과도 즉시 인정 및 칭찬한다

- 팀원은 작은 성공을 통해 자신감을 얻고, 속도를 유지한다.
  - **ex** "이번 입점을 바로 확정했구나. 잘했어! 잘 마무리해 보자"

4. 질문으로 팀원 사고를 끌어낸다

- 리더가 답을 주는 대신 팀원이 스스로 해결책을 찾도록 질문한다.
  - **ex** "장애물이 있다면 어떻게 해결할 거야?"
- 팀원이 생각하고 행동함으로써 실행 속도를 높인다.

5. 장애물은 즉시 제거해 준다

- 행동을 막는 요소가 있다면 지체 없이 지원한다.
  - **ex** 고객 가격 및 프로모션 대응 ➡ 즉시 지원할 수 있는 품목 확인 후 지원

6. 1:1과 팀 대화를 연결한다

- 1:1에서 나온 실행 계획과 작은 성공의 경험을 전체 회의에서 공유하여 인정한다.
- 팀원들이 서로 배우고 영향을 주는 구조 형성

7. 행동 루프를 점검한다

- "이 행동 결과는 어땠어? 다음 계획은 뭐야?"
- 팀원이 스스로 개선하고, 계획을 세울 수 있도록 한다.

8. 성과 압박 속에서도 차분함 유지

- 목표 압박이 크더라도 말투와 행동은 차분하게
- 과도한 긴장은 팀 속도를 늦추며 에너지를 떨어트린다.
  - **ex** 목표 달성률 70% 미만 팀 ➡ 차분하게 행동 점검 후 지원

9. 반복과 습관으로 팀 문화 구축

- 매일·매주 반복되는 질문, 1:1, 피드백 루틴이 팀 문화가 된다.
- 팀원들은 리더 개입 없이도 스스로 움직이는 습관 형성

10. 장기적 시각으로 팀을 성장시킨다

• 단기 성과보다 팀의 자율성과 실행력을 강화하는 데 집중
• 작은 실행을 반복하고, 스스로 문제 해결 능력을 갖추도록 유도
• 결과: 팀 전체가 스스로 움직이고, 지속 가능한 성과를 만들어냄

팀을 움직이는 리더는 특별한 기술이나 천재적 전략이 있는 사람이 아니다. 오히려 작은 습관과 반복적 행동을 통해 팀 전체의 방향과 속도를 점검하고, 만들고, 실행력을 높인다. 정리하면, 팀을 움직이는 리더의 행동 패턴은 다음과 같다.

❶ 하루 시작을 행동 중심으로 설계
❷ 문제보다 행동을 먼저 묻기
❸ 작은 성과 즉시 인정 및 칭찬
❹ 질문으로 팀원 사고 끌어내기 – 코칭 활용
❺ 장애물 즉시 제거
❻ 1:1과 팀 대화 연결
❼ 행동 루프 점검
❽ 성과 압박 속에서도 차분함 유지
❾ 반복과 습관으로 팀 문화 구축
❿ 장기적 시각으로 팀 성장 유도

이 10가지 행동 패턴만 꾸준히 실천해도, 팀은 스스로 움직이고,

속도와 실행력을 유지하며 성과를 만들어낸다. 앞서 다룬 질문법, 1:1 대화, 심리적 안정감, 실행 중심 문화와 함께 적용하면, 영업팀은 압박 속에서도 건강하고 지속적으로 움직이는 팀으로 완전히 변한다. 이 장에서 살펴본 리더십의 본질은 특별한 전략이나 카리스마가 아니다.

팀을 움직이는 리더는 뛰어난 연설가도, 완벽한 계획가도 아니다. 그들은 다만 매일 반복되는 행동을 다르게 선택하는 사람들이다. 성과가 다시 오르는 영업팀을 자세히 들여다보면, 리더의 말보다 먼저 눈에 들어오는 것이 있다. 하루를 어떻게 시작하는지, 문제가 생겼을 때 무엇을 먼저 묻는지, 작은 실행을 어떻게 다루는지, 압박 속에서 어떤 태도를 유지하는지.

이 모든 것이 쌓여 팀의 속도와 실행력을 만든다. 중요한 점은 이 행동 패턴들이 특정 상황에서만 쓰이는 기술이 아니라는 것이다. 오히려 성과가 좋을 때도, 나쁠 때도 늘 같은 방식으로 반복되는 리더의 습관이다. 그래서 팀원들은 혼란에 빠지지 않고, 어떤 상황에서도 무엇을 해야 할지 스스로 판단할 수 있게 된다.

결국 영업팀의 성과는 시장의 크기나 제품의 경쟁력 이전에 리더가 매일 어떤 행동을 반복하느냐에 의해 결정된다. 작은 실행을 묻고, 즉시 지원하며, 차분한 태도로 속도를 유지하는 리더의 행동이 팀 전체의 기준이 된다. 이 책이 말하는 '움직이는 영업'이란 항상 잘되는 팀이 아니다.

문제가 생겨도 다시 움직일 수 있고, 압박 속에서도 실행을 멈추지 않으며, 시간이 지날수록 더 단단해지는 팀이다. 그 출발점은 언제나 리더의 행동이다.

 **오늘 바로 시작하는 팀장 액션 가이드**

특별한 기술이나 전략이 아닌, 반복적 행동 습관이 팀을 움직인다. 결국 영업 팀 성과는 시장이나 제품이 아니라 리더가 매일 어떤 행동을 반복하느냐에 의해 결정된다.

30

성과 압박의 파도 속에서
팀의 멘탈을 지키는 법

지금까지 우리는 성과를 만들어내는 리더의 언어, 질문, 대화 방식, 그리고 팀의 속도와 리듬을 설계하는 말투까지 살펴봤다. 이 모든 요소는 공통된 목적을 향한다. 사람을 지치게 하지 않으면서도, 결과를 멈추지 않게 만드는 것이다. 문제는 많은 리더가 여기서 마지막 한 가지를 놓친다는 데 있다.

성과를 끌어올리는 데는 성공하지만, 그 성과를 감당해야 할 팀의 체력과 마음 상태까지 관리하지는 못한다는 점이다. 성과는 압박으로 만들 수 있지만, 지속성은 압박만으로 절대 유지되지 않는다. 성과가 쌓일수록 팀은 더 예민해지고, 말 한마디에 방향이 달라지며, 리더의 태도 하나에 동력이 꺼지기도 한다.

그래서 이제 리더에게 필요한 것은 더 강한 푸시가 아니라, 성과 압박 속에서도 팀을 무너지지 않게 지탱하는 기술이다. 이 장에서는, 성과와 건강을 동시에 지켜내는 리더의 관점과 실천 전략을 다룬다. 여기서부터가 진짜 '오래 가는 팀'을 만드는 이야기다.

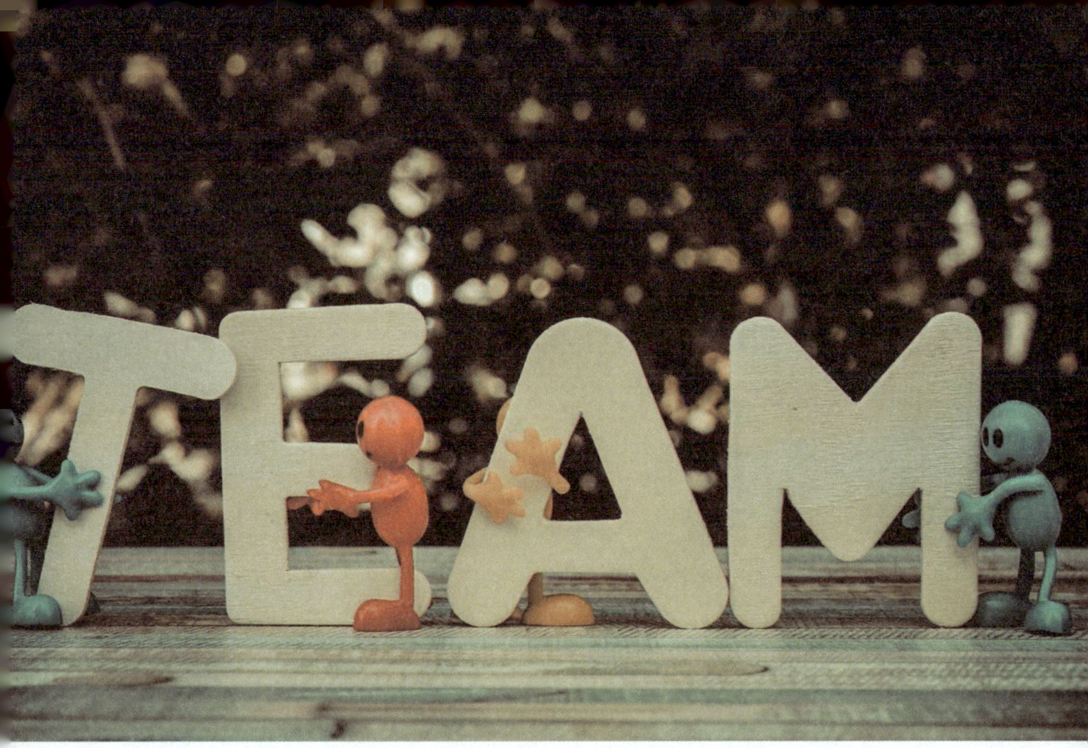

영업팀을 이끌다 보면, 성과 압박은 늘 따라다니는 그림자와 같다. 목표가 높을수록, 시장 상황이 어려울수록 팀원들은 스트레스와 부담을 느끼고, 속도와 실행력이 떨어지기 쉽다. 하지만 경험상, 압박 속에서도 팀을 건강하게 유지하는 방법이 있다. 핵심은 바로 심리적 안정감과 실행 중심 문화, 그리고 리더의 태도이다.

성과 압박이 과하면 팀원들은 두 가지 반응을 보인다. 위축과 회피, 과도한 긴장과 피로이다. "이번 달 목표는 너무 높아, 어떻게 해야 할지 모르겠어요.", 팀원은 행동을 미루고, 보고만 하거나 회피하게 된다. 작은 실수에도 자신을 질책하며, 반복 실수가

PART 5 **지지 않는 팀** _ 무너지지 않는 성과를 만드는 1%의 습관

발생한다. 이는 팀 전체 속도와 동기 모두 떨어지게 한다.

현장에서 실제 경험한 사례이다. 한 달 동안 신규 계약이 거의 없던 팀이 있었는데, 목표 압박 때문에 회의에서는 조용하고 소극적인 분위기가 계속되었다. 팀원들은 불안감을 숨기고, 아무도 먼저 행동하지 않으려 했다.

건강하게 유지하는 첫 번째 원칙은 심리적 안정감이다. 심리적 안정감은 단순한 편안함이 아니라, 행동과 실행을 촉진하는 환경을 구축하는 일이다.

한국MSD 영업부 과장 시절, 나의 리더였던 우기철 지부장님은 팀 미팅에 앞서 항상 회의 어젠다와 핵심 내용을 사전 정리해서 오셨다.

단순히 체크리스트를 전달하는 수준이 아니라, 시간 약속을 철저히 지키고, 팀원 각자가 무엇을 준비해야 하는지 명확히 안내했다. 덕분에 회의는 불필요하게 길어지지 않았고, 팀원들은 스스로 행동할 수 있는 기준을 갖게 되었다. 지부장님의 또 다른 강점은 팀원 개별 상황을 고려한 소통이었다.

누가 무엇을 진행 중인지, 어떤 어려움이 있는지를 빠르게 파악하고, 문제 해결보다는 실행을 촉진하는 피드백을 해주었다. 이 과정을 통해 팀원들은 압박 속에서도 행동을 멈추지 않고, 작은 성공을 반복하며 팀 분위기를 건강하게 유지할 수 있었다.

이 사례가 주는 교훈은 명확하다. 성과 압박 속에서 팀을 움직이게 하는 힘은 리더의 준비와 소통, 그리고 실행을 촉진하는 구조에서 나온다. 단순히 목표를 강조하거나 수치를 관리하는 것이 아니라, 팀이 스스로 움직이도록 환경과 습관을 설계하는 리더십이 장기적 성과와 팀 건강을 동시에 만들어낸다.

"이번 고객 만남에서 어려움이 있었어요"라는 말이 나와도, 팀원을 비난하는 대신 해결책 논의로 이어질 수 있어야 한다. 배움의 장으로 만들어야 한다. 팀원의 작은 성공과 노력이 보인다면 바로 칭찬하고 피드백을 준다.

예를 들어 "B 고객 재방문 바로 실행했구나. 그 속도 좋네. 잘했어! 같이 해보자." 이렇게 하면 팀원은 성과 압박 속에서도 행동을 이어갈 용기를 얻게 된다. 압박 속에서 건강한 팀은 속도 중심, 행동 중심의 문화를 갖고 있다고 말했다.

큰 목표보다, 오늘 혹은 이번 주, 다음 주, 이번 달에 할 수 있는 작은 행동부터 시작한다. 행동과 결과를 분리해서 바라보며 결과에만 집중하지 말자. 결과에만 집중하면 팀원은 위축되기 마련이다. 행동 중심 피드백을 통해 실행 동기를 유지해야만 한다. 결국 리더의 태도는 팀 건강과 속도에 직결된다.

압박 상황에서도 차분하고 명확한 말투는 팀원에게 신뢰를 준다. "이번 달 목표는 높지만, 이번 주 우리가 할 행동을 먼저 확인하자." 결과보다 행동을 강조하면, 팀은 위축되지 않고 오히려 움직인다.

　　　　　PART 5 지지 않는 팀 _ 무너지지 않는 성과를 만드는 1%의 습관

책임 추궁 대신 지원과 코칭을 통해 팀원이 스스로 해결책을 찾고, 나아갈 수 있도록 길을 열어두자.

한 팀에서, 한 달간 실적이 반토막 난 상태였다. 회의에서는 모두 긴장하고 위축되어 있었고, 행동은 거의 없었다. 이때 가장 중요한 부분이 바로 심리적 안정감 확보이다. 작은 실행과 시도를 인정하고, 실패 공유를 허용하는 분위기를 만들어 오늘 가능한 행동만 구체적으로 지원 사격해야 한다.

성과가 좋지 않던 3분기, 한 영업팀 리더는 회의 시작과 동시에 이렇게 말했다.

"이번 달 목표가 쉽지 않은 건 사실이야. 나도 부담된다. 그런데 오늘은 숫자 이야기보다 지금 우리가 어디에서 막히고 있는지부터 함께 살펴보자."

이 말 한마디에 분위기가 바뀌었다. 팀원들은 처음으로 "힘들다"는 말을 하기 시작했고, 그제야 실제 문제가 보이기 시작했다.

고객 반응이 없는 게 아니라, 가격, 프로모션에 민감한 고객의 요구를 반영하지 못하고 있었던 것이었다. 성과 압박을 없앨 수는 없다. 하지만 리더는 그 압박을 '불안'으로 방치할 수도 있고, '해결해야 할 과제'로 재정의할 수도 있다. 건강한 팀은 후자를 선택한다. 결과, 팀원들을 스스로 행동을 시작하게 되었고, 1주일 만에 신규 계약 2건 달성, 팀 분위기도 점차 회복될 수 있었다.

| 팀을 망가뜨리는 '착한 압박'

많은 리더가 이렇게 말한다.

"나는 팀을 생각해서 말한 거야."
"조금만 더 버티면 좋아질 거야."
"이 정도 압박은 영업이면 당연하지."

문제는 이런 말들이 팀원에게는 격려가 아니라 침묵의 신호로 전달될 수 있다는 점이다.

'힘들다고 말하면 약한 사람'
'버티지 못하면 낙오자'

이런 메시지가 쌓이면, 팀은 겉으로는 조용해지지만, 안에서는 서서히 무너진다. 건강한 팀을 유지하는 리더는 압박을 줄이기보다, 압박을 말할 수 있게 만든다.

"지금, 이 압박 속에서 각자 가장 어려운 지점은 뭐야?" 이 질문 하나가 팀을 지켜낸다.

성과 압박 속에서 팀이 건강을 유지하는 가장 현실적인 방법은 다시 '실행'으로 초점을 돌리는 것이다.

❶ 결과보다 오늘 할 행동
❷ 평가보다 다음 시도
❸ 비교보다 각자의 속도

성과 압박 속에서도 팀을 지켜내는 리더는, 결국 팀이 스스로 움직일 수 있는 구조를 만드는 데 집중한다. 오늘의 행동과 작은 시도를 장려하고, 실패와 성과를 모두 학습의 자원으로 삼는 환경을 설계할 때, 팀은 단순히 위기를 견디는 수준을 넘어 성장할 준비를 갖춘다. 이러한 구조와 문화가 자리 잡으면, 팀원들은 더 이상 지시를 기다리지 않고, 스스로 판단하고 실행하며, 서로에게 긍정적인 영향을 주기 시작한다.

이제 우리는 한 걸음 더 나아가야 한다. 건강한 팀을 유지하는 것이 단기적인 성과를 가능하게 했다면, 앞으로의 영업 조직은 이 능력을 지속적으로 확장하며 경쟁력으로 바꾸는 단계로 진화해야 한다. 미래의 영업 조직은 자율과 실행을 중심으로 움직이며, 리더는 더 이상 단순히 목표를 밀어붙이는 사람이 아니라, 팀이 스스로 판단하고 행동하도록 설계하고 연결하는 코치로서의 역할을 수행하게 된다.

이러한 변화는 선택이 아니라 필수다. 팀원 각자가 스스로 판단하고 실행하며, 작은 시도와 학습이 선순환을 이루는 조직만이 빠르게 변하는 시장에서도 살아남고 성과를 만들어낼 수 있다.

오늘 바로 시작하는 팀장 액션 가이드

- 성과 압박 속에서도 팀 건강 유지 = 심리적 안정감 + 행동 중심 구조 + 리더 태도
- 팀원이 스스로 움직이는 구조를 만들고, 작은 성공 반복 ➡ 선순환
- 장기적 관점 : 리더는 단순 목표 밀어붙이기에서 벗어나 팀 코치 역할 수행
- 건강한 팀 ➡ 빠르게 변하는 시장에서도 지속적 성과 가능

자율과 실행으로 나아가는 영업팀

이 책에서 우리는 팀 안에 이미 존재하는 힘을 발견하고, 작은 실행을 통해 성과를 만들어내며, 그 흐름을 지속시키는 구조를 살펴보았다. 이제 마지막으로, 앞으로의 영업 조직이 어디로 향하고 있는지 이야기하며 글을 마무리하려 한다.

미래의 영업 조직은 분명하다. 자율과 실행이 중심이 되는 조직이다. 시장은 점점 더 복잡해지고 변화의 속도는 빨라졌다. 이런 환경에서 지시와 통제만으로는 팀의 속도와 창의성을 유지할 수 없다. 팀원 개개인이 현장에서 판단하고 행동하며, 그 결과를 공유하고 개선하는 구조가 필수가 되고 있다.

하지만 자율만으로는 충분하지 않다. 조직을 움직이는 힘은 결국 실행 중심의 문화에서 나온다. 크고 완벽한 계획보다 중요한 것은 작은 시도를 실제 행동으로 옮기고, 그 결과를 학습으로 전환하는 반복이다. 실행이 문화가 될 때, 조직은 멈추지 않고 성장한다.

이 변화 속에서 리더의 역할 역시 달라진다. 과거처럼 모든 답을 제시하고 성과를 통제하는 리더가 아니라, 팀이 스스로 판단하고 실행할 수 있도록 환경과 기준을 만드는 코치형 리더십이 요구된다. 리더가 기준과 방향을 제시하고, 실행은 팀에 맡기며 그 결과를 함께 학습할 때, 조직은 점점 강해진다.

결국 영업 조직의 경쟁력은 개별 역량이나 시스템이 아니라, 팀이 스스로 움직이며 성과를 만들어내는 능력이다. 자율과 실행이 자연스럽게 연결된 조직의 속도와 에너지는 쉽게 따라잡을 수 없다. 작은 판단과 실행이 연결되고, 그것이 공유와 학습을 통해 확장될 때 조직은 어떤 환경에서도 성장할 수 있다.

이 책에서 반복해서 강조한 메시지는 하나다. 리더가 모든 답을 가지고 있을 필요는 없다는 것. 대신 팀이 답을 만들어낼 수 있도록 질문하고, 시도하고, 연결하는 구조를 만드는 것이 리더의 역할이다. 팀은 리더가 허용한 만큼만 움직인다. 작은 실행을 허용한 조직은 빠르게 움직이고, 실패를 학습으로 다루는 조직은 점점 강해진다.

영업 조직의 미래는 먼 이야기가 아니다. 지금, 이 순간부터 시작된다. 오늘의 작은 행동이 내일의 표준이 되고, 그 표준이 팀의 체질을 바꾼다. 이 책을 덮는 지금, 그 변화의 출발선은 이미 당신 앞에 놓여 있다.

247

권선복 | 도서출판 행복에너지 회장

　많은 기업이 전략과 기술을 이야기합니다. 그러나 팔리지 않으면 존재하지 않습니다. 기업을 살아 있게 만드는 순간은 결국 '현장'에서 만들어집니다. 그리고 그 중심에는 언제나 영업조직이 있습니다. 영업조직은 기업 안에서 특별한 위치에 있습니다. 동시에 누구보다 큰 성과 압박을 받는 자리이기도 합니다. 하지만 숫자와 차트만으로 조직을 이끌 수 있을까요? 성과 그래프에 근거해 방향을 정하고, 결과로만 사람을 평가하는 방식이 과연 지속 가능한 성장을 만들어낼 수 있을지 우리는 다시 생각해 볼 필요가 있습니다.

　이 책은 분명하게 말합니다. 영업성과를 진정으로 끌어올리고 싶다면, 숫자로 압박하는 방식에서 벗어나야 한다고 말입니다. 영혼 없는 회의, 복사와 붙여넣기로 반복되는 보고, 실패에 대한 과도한 책임 추궁은 단기적으로는 체계를 갖춘 듯 보일지 모릅니다. 그러나 그 이면에서는 팀의 에너지가 서서히 소진되고, 도전은 멈추며, 조직은 점점 얼어붙습니다. 결국 이는 장기적인 성과 하락으로 이어질 수밖에 없습니다.

저자는 이러한 '얼어붙은 영업조직'을 녹이는 방법을 이야기합니다. 숫자와 성과를 보기 전에 사람을 먼저 바라보는 일, 그리고 팀장이 당장 실천할 수 있는 구체적인 행동을 통해 조직의 분위기와 구조를 바꾸는 방법을 제시합니다.

성과를 반전시키기 위한 '멈춤의 미학', 원활한 소통 라인을 만드는 관리 방식, 지시가 없어도 스스로 움직이는 조직 구조 설계법은 현장에서 분투하는 모든 팀장에게 실질적인 통찰을 제공합니다. 이 원고를 읽으며 저는 다시 한 번 확인했습니다. 성과를 만드는 조직의 본질은 결국 사람이라는 사실을 말입니다. 그리고 그 사람을 세우는 리더의 태도가 기업의 방향을 결정한다는 점도 함께 말입니다.

나는 이 책이 대한민국의 CEO와 영업조직의 팀장들에게 잠시 멈춰 서서 자신의 조직을 돌아보는 계기가 되기를 바랍니다. 동시에 모든 영업인에게 "당신의 하루는 결코 가볍지 않다"는 깊은 격려가 되기를 바랍니다.

기업의 미래는 회의실이 아니라 현장에서 결정됩니다. 그 현장을 지키는 사람들을 다시 보게 만드는 책, 그것이 『영업팀의 비밀』입니다. 일독한 독자들에게 기운찬 행복에너지가 긍정의 힘으로 샘솟으시길 기원드리겠습니다.

NOTE

NOTE